PROMENADE

artistique.

PROMENADE

artistique.

Tout exemplaire qui ne sera pas revêtu de la signature ci-dessous sera réputé contrefait.

Imprimerie de DECOURCHANT, Rue d'Erfurth, n. 1.

PROMENADE

ARTISTIQUE,

ou

DESCRIPTION

HISTORIQUE ET CRITIQUE

DE LA PLACE ET DE L'ARC DE TRIOMPHE DU CARROUSEL,
DE LA COUR, DU CHATEAU
ET DU JARDIN DES TUILERIES, DE LA PLACE LOUIS XV
(AUJOURDHUI PLACE DE LA CONCORDE),
DES CHAMPS-ÉLYSÉES,
DE L'ARC TRIOMPHAL DE L'ÉTOILE
ET DES SCULPTURES QUI ORNENT LE JARDIN,
LA PLACE ET LES DEUX ARCS ;

Suivie

DE NOTES BIOGRAPHIQUES

SUR LES ARTISTES AUX DIVERS TALENTS DESQUELS
CES OUVRAGES SONT DUS.

Se trouve à Paris

Aux trois Cabinets de lecture du Jardin des Tuileries.

1838

Un Mot.

L'idée du petit ouvrage que j'offre au public m'est venue en lisant certains écrits relatifs aux sculptures du jardin des Tuileries. Ils m'ont paru contenir de nombreuses erreurs. C'est le désir de les signaler qui m'a fait prendre la plume.

La mort de Cléopâtre est fort clairement exprimée par l'aspic qu'on voit encore entortillé autour du bras de l'image de cette princesse étendue dans la niche pratiquée sous l'escalier qui conduit vers le milieu de la terrasse du bord de l'eau. Il n'y avait donc pas lieu de se tromper sur ce superbe bronze. Cela n'a point empêché les écrivains dont je veux parler, de soutenir hardiment qu'il représente Ariane abandonnée dans l'île de Naxos.

Ce n'est pas tout : d'après eux, le César de Nicolas Coustou serait un Scipion, et l'empereur Auguste un César. Leurs autres méprises sont à peu près de même force.

Je puis me méprendre aussi. Toutefois j'ai la scrupuleuse attention de ne rien affirmer que sur la foi de témoignages choisis. Lorsqu'il y a doute, je le dis, ou, du moins, je m'exprime de manière à laisser intact le libre arbitre de chacun.

On trouvera peut-être qu'une partie des opinions émises soit motivée, et que l'autre ne le soit pas.

Je réponds : l'importance ou la nouveauté de certaines productions réclamait des appréciations raisonnées, tandis que les autres sollicitaient ou méritaient moins.

Et puis la nécessité de mettre le livre à la convenance de toutes les bourses en a forcément rétréci le cadre. De là manque de développements et omissions inévitables.

Sous ce rapport, l'ouvrage est incomplet, et sous d'autres il attend de notables améliorations que je me propose d'y introduire si, contre mon attente, il favorablement accueilli.

Dandré-Bardon, Millin, Lenoir, Laudon, Piganel de la Force, etc. ; la *Biographie universelle*, l'*Encyclopédie méthodique*, l'*Artiste*, le *Magasin Pittoresque*, l'*Écho de la Jeune France*, etc., m'ont beaucoup fourni. Le plus souvent je n'ai fait que reproduire en d'autres termes, quelquefois avec les mêmes, ce qui dans ces ouvrages m'a paru conforme à la vérité et au bon goût.

Les explications mythologiques, utiles, je crois, même aux gens instruits, en ce sens qu'ils n'ont pas toujours les circonstances du fait présentes à l'esprit, avaient un grave inconvénient, celui de pouvoir inspirer aux jeunes personnes des pensées contraires à cette pureté d'âme et de cœur qui convient si bien à leur âge. Or, j'ai pris soin de bannir tout ce qui m'a paru en présenter l'ombre, soit en employant des tours de phrases et des expressions que la mère la plus délicate ne craindra pas de laisser lire à ses enfants, soit aussi en m'abstenant à propos.

PROMENADE

ARTISTIQUE.

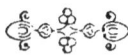

L'espace compris entre le Louvre et les Tuileries doit son nom de place du Carrousel aux fêtes que Louis XIV y donna en 1662. — Carrousel vient de l'Italien *carro del sole* (char du soleil), sans doute à cause de la magnificence et de l'éclat des chars qui, dans l'origine, parurent à ces sortes de divertissements.

A l'époque où le grand roi donna celles dont nous venons de parler, la place actuelle du Carrousel était un terrain devenu vague, depuis que, pour l'achèvement du palais des Tuileries, on avait détruit un jardin qu'on nommait jardin de Mademoiselle.

M. Landon dit que dans le principe le Louvre et les Tuileries n'avaient point été bâtis dans la vue d'être réunis ou même de faire pendants; qu'aucun rapport symétrique n'avait présidé à leurs plans; que le manque de parallélisme dans les deux façades qui sont en regard, l'inégalité en longueur, le genre si différent de leur élévation, s'opposaient à ce que l'idée de leur rapprochement vînt saisir les esprits.

Mais Louis XIV, à qui, n'importe sur quelle échelle, rien de grand n'échappait, l'eut, cette idée. Il fit venir d'Italie le fameux *Bernini* (1). Cet architecte mit la main à l'œuvre, et l'aurait, sans nul doute, conduite à bonne fin, si, contrarié dans ses plans, il ne l'eût abandonnée au bout de cinq ou six mois de travail.

Claude Perrault (2) fut chargé de continuer le Louvre et d'en opérer les raccordements. Tous les plans furent alors combinés de manière à parvenir à la réunion des deux palais. Quant au manque de rapports dans les deux façades, on avait compris, dit encore M. Landon, qu'il serait en quelque sorte insensible par la grandeur du tableau; que l'exécution de ce vaste plan effacerait les inégalités de détail sans en masquer l'ensemble, et laisserait jouir du coup d'œil d'une immense enceinte d'édifices en dissimulant les disparates de quelques-uns de leurs rapports.

En 1808, Napoléon fit commencer jusqu'à une longueur de quatre-vingt-treize toises la galerie de la rue de Rivoli, dans la vue de réaliser le projet de Louis XIV; mais les causes qui en avaient empêché l'exécution sous ce monarque se reproduisirent sous Napoléon et l'arrêtèrent à son tour.

Aussi longtemps que la réunion du Louvre et des Tuileries restera inachevée, il manquera à la capitale de la France un embellissement réclamé par tous ceux qui tiennent à sa splendeur.

Arc de Triomphe du Carrousel.

La pensée d'élever un arc triomphal à la gloire de l'armée française est de Napoléon; mais ici cette pensée ne nous paraît pas exprimée d'une manière tout à fait conforme à la grandeur de son objet. L'arc de triomphe manque de simplicité, de noblesse, et pèche surtout par une exiguité de proportions absolument intolérable. M. Percier(3) et M. Fontaine (4), architectes chargés d'en dresser et d'en exécuter le plan, comprennent sans doute aujourd'hui que leur œuvre aurait dû s'élever noblement vers sa hauteur monumentale, et non rester accroupie devant la majestueuse façade du palais des rois de France.

Le monument n'a que quarante-cinq pieds de hauteur sur soixante de largeur. Son épaisseur est de vingt-cinq pieds et demi. Il se compose de quatre arcades, dont deux transversales. La masse est en pierre de liais. A chacune des principales façades il y a quatre colonnes d'ordre corinthien avec piédestaux de bronze. L'entablement en ressaut porte et pèse sur ces colonnes.

On dit que ce *chef-d'œuvre* de MM. Percier et Fontaine a coûté un million quatre cent mille francs; le prix n'en serait pas trop élevé si l'exécution répondait un peu mieux à l'importance de sa destination.

Il y a deux entrées, l'une par la place du Carrousel, l'autre par la grille de la cour des Tuileries. Dans les tympans de l'arc de cette dernière entrée sont deux Renommées sculptées par M. Taunay (5). Dans les tympans de l'arc opposé sont deux autres Renommées faites par M. Dupasquier (6).

Dans ceux des arcs des autres six entrées se voient des trophées sculptés par divers artistes, au nombre desquels on compte M. Fortin (7).

Immédiatement au-dessus des premiers cadres, se développent avec assez d'élégance sur les quatre façades du monument, des guirlandes soutenues par des enfants nus et ailés. Ces sculptures d'ornement appartiennent à M. Boichot (8).

Le bas-relief du plus haut de la grande voûte représente la victoire couronnant Napoléon. Il est de M. Lesueur (9).

Les figures à droite et à gauche du bas de cette voûte représentent des fleuves et des rivières. On croit qu'elles sont dues à M. Callamart (10).

FAÇADE DES TUILERIES.

CADRE A DROITE.

C'est l'entrevue de Napoléon et de François Ier à Austerlitz, le 4 décembre 1805. D'un côté, Napoléon suivi de quelques officiers supérieurs; de l'autre côté, l'empereur d'Autriche avec le comte de Lichtenstein. Plusieurs officiers allemands sont à la suite; un homme et une femme, sur lesquels une seconde femme âgée est appuyée, semblent implorer Napoléon. Ce groupe de M. Ramey (11) est fort bien exécuté. Quelques personnes trouvent que les personnages prosternés devant Napoléon, en présence même de François Ier leur souverain, constituent une inconvenance que l'empire des faits sous lequel M. Ramey composait ne saurait, à leur avis, rendre excusable.

Le cadre immédiatement au-dessus de celui-ci est un bas-relief composé d'Apollon, de trois femmes, dont l'une est couronnée de lauriers, puis d'autres deux femmes dont l'une a des ailes. Si le tout ne signifie pas la France victorieuse protégeant les beaux-arts, que d'autres en déterminent le sens, et qu'il nous soit permis de dire :

J'aimerais mieux encor qu'il déclinât son nom,
Et dit : Je suis Oreste ou bien Agamemnon.

Incertitude de composition à part, cette œuvre de M. Cortot (12) nous paraît digne de louanges.

Le premier cadre à gauche rappelle l'entrée de Napoléon à Munich. On le voit prenant le roi de Bavière par le bras pour le reconduire dans sa capitale. Quoique le groupe ne soit pas irréprochable, il renferme des beautés de détails assez remarquables pour savoir gré au sculpteur de l'avoir produit. On l'attribue à M. Pradier (13).

Dans le cadre au-dessus, on voit deux figures d'hommes, dont l'une tient un glaive, l'autre une couronne, et de plus une Renommée, un homme à barbe touffue avec deux femmes et un enfant. Les quatre derniers personnages semblent témoigner leur reconnaissance au guerrier. C'est probablement la Victoire et la Clémence que M. Dumont (14) a voulu représenter; mais il règne, dans ce groupe, de même que dans celui de M. Cortot, une incertitude de composition qui nuit à son mérite et à son effet.

FAÇADE DE LA RUE DE RIVOLI.

Dans ce cadre se trouve le général en chef, sa suite, et puis un groupe de magistrats et de notables. C'est l'entrée de Napoléon à Vienne. L'agence de la ville lui en présente les clefs dans un plat d'or ou d'argent. Cette entrée solennelle est du 13 novembre 1805. Le groupe n'est pas un des moins bien de ceux qui parent l'arc triomphal qui nous occupe. Il est surtout remarquable par la franchise et la netteté de sa composition. On l'attribue, croyons-nous, à M. Cortot.

FAÇADE DU LOUVRE.

Le cadre à droite représente la victoire d'Austerlitz. Le général Rapp présente à Napoléon des prisonnier faits à cette bataille. Derrière celui-ci on reconnaît Roustan son fidèle mamelouck, placé au milieu de quelques officiers supérieurs. Cette production est de M. Epercieux (15); elle passe pour un bon ouvrage.

Dans le cadre au-dessus Hercule et Minerve soutiennent une couronne. Ils sont accompagnés d'une femme ailée ayant une palme à la main, et un pied posé sur un globe. On y voit aussi une autre femme. Ce groupe, dont le sens allégorique est que la Sagesse et la Force soutiennent la couronne de l'Etat, appartient à M. Gérard (16). C'est un des bons morceaux du monument.

A gauche sur le premier cadre se trouve la capitulation devant Ulm (17 octobre 1805). Napoléon, entouré de sa garde, fait appeler le général Mack et les autres généraux autrichiens; il les retient auprès de lui jusqu'à ce que les troupes prisonnières aient défilé devant lui. Ce groupe est de

M. Cartellier (17). Les connaisseurs en font grand cas. Nous allions oublier de faire remarquer le cheval de Napoléon qui figure très-bien dans l'ensemble.

Le bas-relief au-dessus est composé de Mercure, d'une femme portant une palme, d'une autre femme avec une corne d'abondance. Le tout doit signifier, du moins nous le croyons, que la paix favorise le commerce, et que le commerce procure la richesse et l'abondance dans les Etats. Ce groupe est de M. Fortin ; on lui donne des éloges.

FAÇADE DE LA GALERIE DU QUAI.

Le cadre, le seul qu'il y ait de ce côté, représente la paix de Presbourg. On y voit la Paix assise au milieu du groupe, et l'Histoire écrivant la campagne des trois mois figurés par le zodiaque ; en outre la Victoire y écrit le mot *pax* avec la pointe de son épée. Une Renommée prend l'essor pour publier par tout l'univers la gloire de la grande armée. Au-dessous sont deux bustes de soldats soutenant un faisceau de piques. Cette production est de M. Lesueur ; elle a des défauts qui ne l'empêchent pas de passer pour un travail très-remarquable.

Il nous reste à parler des huit statues que supportent les huit colonnes de l'entablement, et puis du char qui couronne l'arc triomphal.

La première statue de la façade du château, en allant de droite à gauche, est un sapeur, par M. Dumont ; la deuxième un canonnier, par M. Bridan (18) ; la troisième un carabinier de ligne, par M. Montony (19) ; et la quatrième un grenadier de ligne, par M. Dardel (20).

Du côté opposé (façade du Louvre), en allant

de droite à gauche est un carabinier, par M. Chinard (21) ; la deuxième statue représente un chasseur à cheval, par M. Foucou (22); la troisième un dragon, par M. Corbet (23); et la quatrième un cuirassier dû au ciseau de M. Taunay.

Ces huit morceaux sont justement estimés, le sapeur et le carabinier surtout. Il est impossible de les considérer un instant sans se rappeler aussitôt ce qu'on appelait, dans le temps, les vieux grognards de l'empire.

Sur le sommet du monument repose un char de bronze, tiré par quatre chevaux de même métal; c'est là ce que les anciens nommaient un quadrige. Les chevaux, pleins de feu et d'ardeur, sont conduits et retenus par deux femmes ailées ; quant à la troisième figure de femme qui est debout sur le char, à son maintien noble et fier, et même un peu altier, on reconnaît la France dans tout l'éclat de ses triomphes.

Ce superbe morceau est de M. le baron Bosio (24); bien qu'il ne soit pas absolument à l'abri de tout reproche, particulièrement en ce qui concerne les chevaux, dont les têtes sont placées dans une position un peu forcée, il passe pour un chef-d'œuvre. Du reste, dire qu'un ouvrage de sculpture est de M. le baron Bosio, c'est en faire l'éloge, car jamais rien de médiocre n'est sorti des mains de ce célèbre et grand artiste.

Cour des Tuileries.

Cette vaste cour est séparée de la place du Carrousel par un mur de quatre pieds de haut sur lequel est établie une grille en fer dont les pointes dorées sont faites en forme de lance. Des colonnes qui se terminent en boules aussi dorées, surmontées de pointes, soutiennent la grille de distance en distance. Sa longueur est de cent soixante-dix-huit toises, et sa largeur d'environ cent trente pas.

Château des Tuileries.

L'emplacement que le palais, la cour et le jardin des Tuileries occupent aujourd'hui, s'appelait autrefois *la Sablonnière*. En 1350, on y établit quelques fabriques de tuiles, puis après plusieurs autres, et c'est de là que le château a pris son nom.

Une maison appartenant à Nicolas de Neuville occupait aussi une partie de cet emplacement.

En 1518, François Ier acheta le tout pour en faire don à sa mère, la duchesse d'Angoulême, qui trouvait le séjour du palais des Tournelles désagréable et malsain.

En 1564, Catherine de Médicis, voulant avoir une résidence séparée de celle de son fils, Charles IX, qui habitait le Louvre, acheta d'autres bâtiments, d'autres terres, et fit jeter les premiers fondements du palais actuel.

Vers 1566, on commença le mur qui devait entourer le jardin. La construction du château fut également commencée. On la confia à Philibert Delorme (25), abbé de Saint-Eloi, et à Jean Bullaut (26), regardés comme les deux plus habiles architectes de leur temps. Ils élevèrent la façade qui comprend le gros pavillon du milieu (celui de l'horloge), les deux corps de logis et les deux pavillons qui les terminent.

Catherine ayant fait cesser les travaux, ils ne furent repris que sous Henri IV, d'après les dessins d'Androuet Ducerceau (27). L'exécution fut confiée à Etienne Duperron (28). On se mit à l'œuvre, et l'on construisit de chaque côté des deux bâtiments mentionnés, et dans le même alignement, deux autres corps de logis avec deux grands pavillons (Flore et Marsan) aux extrémités. C'est en ce temps-là que fut commencée la superbe galerie qui joint les Tuileries au Louvre du côté de la Seine. (Cette galerie ne fut terminée que sous Louis XIII; sa longueur est de 1332 pieds.)

Les pavillons, les corps de logis dont nous venons de parler, ne furent pareillement achevés que sous ce dernier roi, et alors des changements dans l'ordonnance et la décoration des premiers architectes eurent lieu.

Vint enfin Louis XIV, qui chargea Leveau (29) et Dorbay (30) de mettre de l'ensemble dans toutes les parties de l'édifice, composé de bâtiments qui, quoique symétriques, étaient de forme et de style différents. La coupole du pavillon du milieu, élevée par Delorme, fut remplacée par le dôme quadrangulaire que l'on y voit aujourd'hui. L'on ne conserva guère de l'ancienne architecture que l'ordonnance du rez-de-chaussée, composé de colonnes et de pilastres à tambour de marbre.

Telle est, en peu de mots, l'histoire du château des Tuileries. Nous passons sous silence les statues et les bustes de son extérieur. Outre que ces productions sont pour la plupart placées à une distance qui ne permet pas de les juger, en parler ce serait se jeter dans une augmentation de travail que n'admet pas notre cadre.

Depuis Louis XIV, de nombreux changements ont été opérés tant à l'intérieur qu'à l'extérieur de l'édifice. La révolution du 10 août 1792 surtout y en fit de remarquables, puisqu'elle incendia plusieurs pavillons qui n'ont pas été relevés. Chacun connaît d'ailleurs la rage de dévastation qui possédait la Convention nationale, et la tâche que dans ce genre elle légua à Napoléon.

Celui-ci, essentiellement conservateur et réparateur, s'attacha à rétablir autant que possible les choses comme les avaient laissées Louis XIV et ses descendants.

Louis-Philippe, à son tour, a fait subir au palais des Tuileries diverses transformations peu importantes.

En vain reproche-t-on à cet immense palais un grand défaut d'ensemble et de proportion, il est et restera toujours l'un des plus beaux édifices de l'Europe. Ses imperfections comparées à ses beautés, du côté surtout de la magnifique façade du jardin, sont ce que l'ombre est au soleil.

Jardin des Tuileries.

Ce fut en 1664 que Louis XIV chargea Le Nôtre de l'exécution du plan du jardin, dont cet artiste avait lui-même tracé le dessin. Alors disparurent un logement appartenant à mademoiselle de Guise, une volière, un bois, un étang, une orangerie, des allées, des parterres, un labyrinthe, un écho, une ménagerie, un chenil, un théâtre et même quelques autres bâtiments établis sur une partie de l'étendue que le jardin occupe maintenant. Ce terrain ainsi déblayé fut livré à Le Nôtre.

Bientôt, aux yeux des Parisiens étonnés, apparut cette admirable création, qui fait du jardin des Tuileries un chef-d'œuvre dont rien jusqu'ici, dans ce genre, n'a surpassé la beauté, la magnificence. On lui donne 67 arpents de surface.

« Le désir de se rapprocher de la nature, a dit l'auteur d'un article biographique dont nous allons donner tout à l'heure un extrait, a introduit en France, depuis Le Nôtre, le goût des jardins anglais ; mais si ce nouveau genre offre plus d'agrément, il est loin d'avoir la majesté que l'on admire dans les jardins des Tuileries et de Versailles, qui seront toujours les modèles du genre inventé par Le Nôtre. »

C'est ici le moment de donner sur ce grand artiste une notice extraite de la Biographie universelle. Elle sera certainement lue avec intérêt. Peut-être aurions-nous dû la jeter à la fin de cet ouvrage, comme nous l'avons fait pour celles des autres artistes; mais nous nous décidons à la placer ici d'abord parce qu'elle est intéressante, et qu'ensuite le bon Le Nôtre mérite bien une exception, tant à cause de l'originale franchise de son caractère, que par son génie vraiment créateur.

« Le Nôtre naquit à Paris en 1613. Doué d'un génie fécond et d'une imagination riante, il étudia particulièrement et perfectionna l'art des jardins.

» Louis XIV le chargea de la distribution des jardins de Versailles. L'artiste ne s'effraya point des difficultés que présentait le terrain. Lorsqu'il eut arrêté ses plans, il pria le roi de venir sur les lieux pour juger de son travail. Le monarque, à chaque grande pièce dont Le Nôtre lui indiquait la position, l'interrompait en disant : « Le Nôtre, » je vous donne 20,000 francs. » Cette approbation fut répétée plusieurs fois; mais Le Nôtre, aussi désintéressé que touché de cette munificence, arrêta le roi à la quatrième interruption, et lui dit brusquement : « Sire, Votre Majesté n'en saura pas » davantage, je la ruinerais. »

» Il obtint la permission de voyager en Italie pour y acquérir de nouvelles connaissances; en 1678, il se rendit à Rome, où le pape Innocent XI lui fit l'accueil le plus distingué. Le pontife lui accorda une audience particulière, dans laquelle il se fit montrer les plans des jardins de Versailles, dont il admira la richesse. Sur la fin de l'audience, le jardinier de Louis XIV, transporté d'un pareil accueil, s'écria : « Je ne me soucie plus de mou- » rir, j'ai vu les deux plus grands hommes du » monde, Votre Sainteté et le roi mon maître. — » Il y a une grande différence, répondit le pape; le » roi est un grand prince victorieux, je suis un » pauvre prêtre, serviteur des serviteurs de Dieu; » il est jeune et je suis vieux. » Le Nôtre, oubliant qu'il parlait au Saint-Père, lui frappa sur l'épaule en disant : « Mon révérend Père, vous vous portez » bien, et vous enterrerez tout le sacré collége. » Innocent XI ne put s'empêcher de rire. Alors Le Nôtre, n'étant plus maître de lui, se jeta au cou du pape et l'embrassa. De retour en France, il se hâta d'écrire ce qui venait de se passer à Bontemps, premier valet de chambre de Louis XIV. La lettre fut lue à ce monarque. Le duc de Créqui, qui était présent à cette lecture, voulut gager mille louis que la vivacité de Le Nôtre n'avait pu aller jusqu'aux embrassements. « Ne pariez pas, » dit le roi : quand je reviens d'une campagne, Le » Nôtre m'embrasse, il a bien pu embrasser le » pape. »

» Ce monarque lui offrit des lettres de noblesse avec la croix de Saint-Michel ; mais malgré tant de faveur, Le Nôtre avait conservé sa modestie. Il refusa les lettres de noblesse en disant qu'il avait ses armes composées de trois limaçons et d'une pomme de chou. « Sire, ajouta-t-il, pourrais-je » oublier ma bêche ? combien elle doit m'être » chère ! n'est-ce pas à elle que je dois les bontés » dont Votre Majesté m'honore ? » Accablé d'années, il demanda la permission de se retirer. Louis le combla des marques de sa bienveillance, et ne lui accorda la faveur qu'il sollicitait qu'à condition qu'il viendrait le voir de temps en temps. Trois ou quatre ans après, Le Nôtre étant dans les jardins de Marly dont Mansard avait donné le nouveau plan, Louis XIV l'aperçut et lui dit qu'il voulait lui faire les honneurs de son jardin. Il monta dans une chaise découverte, et obligea le vieillard à y prendre place. Le Nôtre, touché de tant de bonté, et remarquant Mansard, surintendant des bâtiments, qui suivait le roi, s'écria les larmes aux yeux : « Sire, en vérité, mon bonhomme de père » ouvrirait de grands yeux s'il me voyait dans un

» char auprès du plus grand roi de la terre. Il faut
» convenir que Votre Majesté traite bien son ma-
» çon et son jardinier. »

Le Nôtre mourut à Paris en 1700, âgé de quatre-vingt-sept ans.

Depuis l'ordonnance de cet artiste, le jardin des Tuileries a subi des changements qui n'ont pas été toujours heureux. Toutefois la masse des couverts est restée la même, de manière que l'ensemble conserve encore l'aspect imposant et majestueux que lui avait donné Le Nôtre.

Nous ne dirons qu'un mot des vases placés entre les statues de ce jardin. C'est que la plupart sont regardés comme des ouvrages précieux. De longs détails sur ces sculptures grossiraient le travail sans beaucoup d'utilité ou d'agrément pour les visiteurs. Ce qu'il leur importe de bien connaître, ce sont les sujets des groupes, des statues, l'opinion des connaisseurs sur chacune de ces productions; et enfin le rang que, dans le monde artistique, occupent les statuaires à qui nous les devons.

JARDIN PRIVÉ.

On nomme ainsi le parterre qui tient au palais. Il est séparé du jardin par un fossé (saut de loup) et un grillage en fil de fer. La grande avenue qui part du pavillon de l'horloge le coupe en deux parties égales.

LES LIONS.

En sortant du péristile du château (côté du jardin), on voit à droite deux lions et puis encore un troisième à gauche. Les deux plus beaux sont, dit-on, de M. le baron Bosio. Ce sont trois bons ouvrages de sculpture.

LE REMOULEUR.

En avançant quelques pas, on trouve à droite un bronze nommé le Remouleur, parce qu'il figure une personne occupée à aiguiser un instrument. Il semble écouter. C'est l'esclave qui découvrit la conspiration des fils de Brutus, Titus et Tibérius. Ces deux jeunes hommes désiraient rétablir Tarquin sur le trône; mais leur projet fut découvert par cet esclave nommé *Vindex*, et Brutus donna l'horrible spectacle d'un père immolant ses enfants à l'amour de la république; il assista à leur exécution. Virgile veut bien y reconnaître l'amour de la patrie, mais il y voit aussi une ardeur démesurée de la louange. *Vincet amor*, dit-il; mais il ajoute à l'instant *laudumque immensa cupido*.

Quelques écrivains prétendent que ce bronze représente le Scythe qui, par les ordres d'Apollon, écorcha Marsias. S'il en était ainsi, ce bel ouvrage perdrait tout le mérite de sa parfaite expression, car il a bien justement celle d'un homme qui écoute en travaillant; mais il est loin de rappeler l'atroce figure que devait nécessairement porter la bête féroce qui écorcha tout vif l'infortuné Marsias.

Ce bronze, imité de l'antique et fondu par les frères Keller (31), est digne en tout de l'admiration des connaisseurs.

VÉNUS SORTANT DES ONDES.

Le bronze à gauche qui fait pendant au Remouleur figure Vénus sortant des ondes, heureuse

imitation de l'antique par un statuaire français.
C'est à tort qu'on l'attribue aux frères Keller, il
appartient au célèbre Coysevox (32), dont le nom,
quoique presque entièrement effacé, peut cependant encore se lire.

Les mythologues nous apprennent que Vénus,
déesse de la beauté, naquit de l'écume de la mer,
et par cette raison, sans doute, on lui donne pour
char une conque marine. Ici elle est assise sur
une tortue, ce qui n'ôte rien au sens allégorique
du véritable attribut, puisque la tortue est couverte d'une sorte de conque et que cet animal vit
dans l'eau aussi bien que sur terre. Ce qu'il y a de
certain, c'est que ce bronze est bien évidemment
une bonne imitation de la Vénus marine, et que les
gens qui s'y connaissent en font l'éloge.

LE FLUTEUR.

Maintenant il s'agit de se rendre droit à la grille
de Rivoli, de lui tourner le dos. La première statue
à gauche représente un jeune berger qui joue de
la flûte, dans lequel les juges les plus sévères
conviennent que le statuaire Coysevox a exprimé
toute la vigueur de l'homme champêtre. Derrière
le Joueur de flûte est un jeune Faune aux pieds de
chèvre qui sourit et paraît vouloir lui dérober son
bâton. Cette production si remarquable, si poétique, est due à la brillante imagination de l'artiste que nous venons de nommer : elle ne représente aucun sujet historique ou mythologique.

Les Faunes sont des dieux champêtres de la
mythologie. On les représente avec des pieds de
bœuf, une barbe, des cornes et des oreilles de
bouc, environnés d'une couronne de sapin. On leur
donne quelquefois des pieds de chèvre, comme

celui dont il vient d'être question. Les Faunes sont fils de Faune et de Fauna.

HERCULE ET SON FILS TÉLÈPHE.

A droite, en descendant sur l'esplanade de l'allée des orangers, est un Hercule en bronze portant son fils Télèphe sur un bras. Cette statue est belle et digne d'éloge ; seulement on trouve que le visage n'est pas en rapport avec le reste du corps dont les formes athlétiques répondent si bien à l'idée que la mythologie donne de la force du fameux Hercule dont nous allons parler dans l'article suivant.

HERCULE COMBATTANT ARCHÉLOÜS.

A gauche, toujours en tournant le dos à la grille de Rivoli et dans ce que nous avons appelé le jardin privé, on aperçoit un Hercule en bronze qui combat Archéloüs au moment où celui-ci s'est métamorphosé en serpent monstrueux.

Hercule, fils de Jupiter et d'Alcmène, se rendit fameux par sa force prodigieuse, son courage et ses travaux. Il est ici aux prises avec Archéloüs qui, comme Prothée, avait le pouvoir de prendre à volonté toutes sortes de formes. Déjà il s'était changé en taureau, et son puissant adversaire lui avait arraché une corne. Enfin, pour échapper à son sort, il se rendit serpent-monstre ; mais Hercule n'en fut nullement effrayé ; et sous cette figure comme sous les précédentes, Archéloüs fut encore vaincu. Ce chef-d'œuvre, qu'on ne peut assez admirer, est encore du baron Bosio.

APOLLON ET DAPHNÉ.

Aux deux côtés du groupe que nous venons d'expliquer se trouve Apollon, par Nicolas Coustou (33), et Daphné, par Guillaume Coustou (34). Ces charmantes petites statues, faites d'abord pour rester à Marly, furent par la suite transportées dans le jardin des Tuileries. Il est impossible de rien trouver, dans ce genre, de plus gracieux, de plus léger, et surtout d'aussi finement dessiné.

Apollon ayant fait la guerre aux Cyclopes, Jupiter, son père, dit la fable, le chassa du ciel. Réduit à garder les troupeaux d'Admète, roi de Thessalie, il conçut beaucoup d'attachement pour Daphné, fille du fleuve Pénée; mais insensible à la tendresse du dieu-berger, elle ne lui marqua que de l'indifférence. Un jour l'ayant surprise seule, il se mit à la poursuivre. La nymphe, aussi légère que craintive, lui échappa longtemps; mais enfin, se voyant au moment de tomber en son pouvoir, elle invoqua le secours du fleuve son père qui la changea en laurier. Telle fut l'aventure selon la fable; mais selon l'histoire, Daphné était fille d'un prince de Thessalie nommé Pénée. Etant poursuivie par un jeune homme aussi beau qu'Apollon, elle périt sur le bord du fleuve, aux yeux mêmes de celui qui la poursuivait. C'est à son nom qu'est due la métamorphose en laurier, car Daphné en grec signifie laurier.

VÉNUS SORTANT DU BAIN.

En avançant le long du grillage, la première statue que l'on aperçoit, toujours dans le jardin privé, est une imitation en bronze de la Vénus pudique des anciens. Ceux qui la prennent pour une nymphe se trompent. Ce qui peut avoir donné lieu à leur méprise, c'est que Vénus est représentée comme éprouvant un sentiment de pudeur qui ne s'accorde guère avec l'idée que nous avons de sa modestie. Cette statue est fort belle. On est contrarié de la distance où il est seulement permis de la voir.

HERCULE COMMODE.

Un peu plus loin est l'empereur Commode en Hercule. Cette production en bronze a peut-être des beautés de détails qu'efface la distance qui nous sépare d'elle. Toujours est-il que cet éloignement n'est pas du tout favorable à l'ensemble.

L'empereur Commode ayant pris le surnom d'Hercule, se promenait dans Rome vêtu d'une peau de lion, une massue à la main. Il faisait assembler les gens de la lie du peuple qu'on trouvait malades ou estropiés, leur faisait lier les jambes et distribuer des éponges au lieu de pierres pour les lui jeter à la tête. Après les avoir ainsi disposés, il tombait sur eux à coup de massue et les assommait.

La statue de l'Hercule Commode dont il est question ne nous paraît qu'une bien faible copie de l'antique.

APOLLON PYTHIEN.

Après avoir passé le Rémouleur et la Vénus assise, dont nous avons déjà donné l'explication, toujours en se dirigeant vers la grille du quai, on voit, dans la seconde partie du jardin privé, un

Apollon Pythien, belle copie en bronze de l'Apollon qui était au Musée du temps de l'empire.

Jupiter ayant abandonné sa femme Junon pour s'attacher à Latone, en eut deux enfants, dont l'un fut Apollon et l'autre Diane. Dès avant leur naissance, Junon avait suscité contre sa rivale un affreux serpent nommé *Python*. Apollon, devenu grand, tua le monstre à coups de flèches.

L'Apollon Pythien qui nous occupe est en effet dans l'attitude d'un homme qui décoche une flèche. Cette copie est très-estimée.

DIANE CHASSERESSE.

En avançant toujours vers la grille du bord de l'eau, on aperçoit encore Diane à un retour de chasse. Cette figure en bronze est surtout remarquable par la grâce et l'élégance des formes et de la pose. On voit souvent à Paris et ailleurs d'heureuses imitations de cette Diane, qui n'est elle-même qu'une bonne copie de l'antique.

Diane, déesse de la chasse, est, comme on l'a déjà dit, fille de Jupiter et de Latone. Elle se livrait exclusivement au noble exercice de sa profession, quand elle était sur la terre. Elle se faisait alors suivre de soixante nymphes, filles de l'Océan, et de vingt autres jeunes personnes qui avaient soin de ses équipages.

LAOCOON.

Ce dernier groupe du jardin privé est fort beau. L'original, qu'on voyait au Musée du temps de Napoléon, est attribué à Phidias par les uns, et à trois statuaires grecs, Polydore, Athénodore et Agésander, par les autres. Ces derniers partagent en cela l'opinion de Pline qui doit en effet prévaloir. Ce beau groupe, d'un effet admirable, est très-précieux à cause de la perte de l'original.

Laocoon, fils de Priam et d'Hécube, s'opposait à l'entrée du fameux cheval de bois, parce qu'il craignait que la creuse machine ne renfermât des guerriers pour s'emparer de Troie. Il ne fut point écouté, et dans l'indignation que lui causait l'incrédulité de ses compatriotes, il décocha une flèche dans les flancs du cheval inanimé. Les dieux qui avaient résolu la perte de cette ville furent irrités, et suscitèrent deux serpents qui l'étouffèrent lui et ses deux enfants. C'est cet événement que ce groupe de bronze représente.

ATALANTE ET HIPPOMÈNE.

Ces deux petites statues en marbre, placées aux côtés du Laocoon, sont des chefs-d'œuvre dans leur genre. Atalante est de Guillaume Coustou, et Hippomène de Lepautre (35).

Atalante, fille de Schenée, roi de l'île de Scyros, était d'une rare beauté et d'une excessive rapidité à la course. Elle avait promis à ses nombreux prétendants d'épouser celui qui la vaincrait à cet exercice, mais avec cette condition qu'elle immolerait celui qui y serait vaincu. Déjà plusieurs avaient succombé. Hippomène, jeune prince plein de courage, se présenta pour tenter l'épreuve. Il y aurait trouvé la mort, sans doute, s'il ne s'était servi d'un stratagème qui le rendit vainqueur. Ce fut de jeter l'une après l'autre trois pommes d'or du jardin des Hespérides. Atalante, ne pouvant résister à la beauté de ces fruits métalliques, s'arrêta quelque peu pour les prendre, et le temps qu'elle mit à les ramasser lui fit perdre le prix de la course. On dit qu'elle s'en consola sans peine avec ses pommes d'or et son bel époux.

LE BERGER CHASSEUR.

Il est à l'angle du grillage, en dehors du jardin privé, et le premier à droite en tournant le dos à la grille du bord de l'eau. Ce morceau est admirable. Nicolas Coustou, qui l'a composé, n'a peut-être jamais rien fait de réellement préférable. Le repos du jeune chasseur, la fatigue du chien sont exprimés avec une vérité qui ne laisse rien à désirer. L'exécution du tout ensemble est de la plus grande beauté.

UN LION DE BRONZE.

A gauche, en face du Berger chasseur, on voit ce fier animal ayant la griffe sur un serpent ; il détourne un peu la tête et montre les dents, non par crainte, on le sent bien, mais par le sentiment d'horreur que le reptile lui inspire. Ce beau lion, placé à l'entrée du jardin, semble en être le gardien. Il est dû au talent de M. Barye (36).

LE RETOUR DE CHASSE.

En marchant vers la grille de Rivoli, à droite, sur la même ligne que le lion, une jeune et jolie nymphe, le carquois sur l'épaule et un enfant au côté, offre au contemplateur de gracieuses pensées. C'est une création de Nicolas Coustou, qui, quoique bien inférieure au Chasseur en repos, est cependant digne de ce célèbre artiste.

VÉNUS A LA COLOMBE.

La douce *oiselle* repose endormie sur les genoux de Vénus. Un enfant, c'est sans doute Cupidon, est auprès de la belle déesse. Il tient un glaive qu'il s'efforce de tirer du fourreau. Ce léger groupe, de Nicolas Coustou, fort au-dessous de son Retour de chasse, est pourtant encore digne d'admiration.

FLORE.

La quatrième statue de cette ligne est Flore qui tient une guirlande de fleurs. Zéphire est à son côté, il a une couronne à la main, qu'il destine sans doute à son élégante compagne. Cette très-jolie et très-gracieuse production appartient à Coysevox.

Flore est la déesse du printemps, et les fabulistes, qui la font ainsi régner sur la saison des fleurs, lui donnent Zéphire pour époux.

L'HAMADRYADE.

C'est la dernière de la ligne que nous venons de suivre. Assise sur un tronc d'arbre, un enfant est derrière elle; c'est un Zéphire ou un Cupidon. Il est difficile de trouver un morceau plus agréable que celui-ci. Quelle pose, quel corsage et quel ensemble! comme tout s'arrondit avec grâce! Cette poétique production est due à l'imagination de Coysevox. Elle est supérieure aux trois précédentes.

Les Hamadryades étaient les nymphes des forêts.

PHILOPŒMEN.

En quittant l'Hamadryade, il faut descendre dans l'allée adjacente et parallèle, puis se diriger vers la grille du bord de l'eau. La première statue à droite représente Philopœmen, blessé à la bataille de Sellasie. Placée sur un piédestal qui l'attendait depuis longtemps, elle a attiré dans sa nouveauté un grand nombre de curieux et d'amateurs. Cet ouvrage de M. David (37) est remarquable par le jeu des muscles, par la manière dont le marbre est travaillé. On voit que l'habile sculpteur possède toutes les connaissances de son art. On découvre bien sa pensée dans le choix du sujet, mais ce choix est malheureux.

Quel est ce Philopœmen? se demande-t-on d'abord. Le représentant de la liberté aux prises avec l'invasion. A la bonne heure, mais le statuaire eût mieux fait de placer dans le jardin un sujet moins politique et plus connu.

On reproche à la statue d'avoir la tête misérablement comprimée dans un casque trop étroit, on lui trouve les épaules débiles.

Nous trouvons aussi que la pose est peu naturelle ; que le bras appuyé sur le tronçon de lance paraît mal servir les intentions du blessé, lequel apparemment voudrait se délivrer au plus tôt et avec le moins de douleur possible de ce fer homicide.

Nous croyons, et nous ne sommes pas les seuls à penser ainsi, qu'elle manque d'ampleur, de jet, et, comme l'ont écrit d'excellents critiques, de ce caractère épique et immortel que les anciens donnaient au marbre.

Philopœmen, que l'on a nommé le dernier des Grecs, naquit à Mégalapolis, principale ville de l'Arcadie. Il se signala contre les Spartiates : c'est lui qui décida du sort de la bataille de Sellasie, que Doson, roi de Macédoine, gagna. Blessé aux premiers rangs d'un coup de lance qui lui perça les deux cuisses, Philopœmen ne quitta point le champ de bataille et commanda la manœuvre qui fixa la victoire.

Sa physionomie et le reste de sa personne ne prévenaient point en sa faveur. On rapporte qu'une hôtesse de Mégare le prit pour un serviteur et qu'elle lui ordonna de fendre du bois; ce qu'il ne se fit pas répéter. Survint le mari de l'hôtesse, duquel il était connu; et comme ce brave homme exprimait sa surprise de trouver le général ainsi *embesogné*: « Ce n'est rien, répondit Philopœmen, je porte la peine de ma mauvaise mine. » Il mourut empoisonné.

THÉMISTOCLE.

M. Lemaire (38), au ciseau duquel cette statue est due, a des productions bien supérieures. Si son Thémistocle était couché, on le prendrait pour un cadavre; debout, il a l'air d'un grand fantôme blanc; les dames en ont peur. Son casque semble avoir été moulé sur celui de Don Quichotte. Soit dit pourtant sans attaquer les beautés artistiques que les connaisseurs accordent à cette œuvre de M. Lemaire. Ajoutons que l'attitude à la fois noble et modeste du héros de Salamine convient à son caractère historique.

La tête est très-bien, il est seulement fâcheux qu'elle soit affublée de ce ridicule armet de membrin que le statuaire, sans trop manquer à la vérité du costume, pouvait orner avec simplicité, mais de manière à le rendre moins désagréable à la vue. Peut-être même eût-il mieux valu le placer aux pieds du vainqueur.

Un autre défaut non moins remarquable, c'est l'excessive roideur des draperies; elles en sont insupportables, on dirait qu'elles sont empesées ou plutôt enduites de colle forte. Nous savons bien qu'il n'était pas ici question de donner aux draperies les formes caractéristiques de ces étoffes déliées, de ces linges mouillés qui dévoilent avec netteté les mouvements du nu; mais il ne fallait pas qu'elles eussent la grossièreté de celles dont il est tout au plus permis d'habiller un esclave; et quelles que soient les raisons de ceux qui défendent cette œuvre de M. Lemaire, ils auront de la peine à lui faire pardonner d'avoir si pleinement manqué au goût sévère des draperies antiques.

Thémistocle était né à Athènes, de Nicolle, citoyen obscur, et d'une mère étrangère. Il combattit à Marathon. C'est lui qui contribua le plus au gain de la bataille de Salamine, que les Grecs livrèrent à Xercès. Le statuaire le représente au moment où cette bataille vient d'être définitivement gagnée. Il termina lui-même ses jours par le poison à l'âge de 65 ans.

SPARTACUS.

Voilà un très-beau morceau, nettement dessiné et habilement exécuté. Le choix de la nature y est riche, et l'expression, quoique énergique, n'est nullement exagérée. La beauté des formes y laisse peu à désirer. C'est bien là le Spartacus de l'histoire, l'auteur et le chef de la révolte des Gladiateurs. Il y a dans l'attitude et dans la physionomie rêveuse de cet homme qui vient de rompre ses chaînes, tout un avenir de je ne sais quel barbare héroïsme qui frappe. Ajoutons que la plus sévère critique ne peut que rendre hommage au talent vraiment supérieur qu'a montré M. Foyatier (39) dans la conception et l'exécution de cet ouvrage admirable sous presque tous les rapports.

Spartacus fut l'un des hommes les plus extraordinaires dont les annales de Rome aient conservé le souvenir. S'il fût né dans des conditions qui lui eussent permis de développer dans un autre sens les heureuses facultés qu'il devait à la seule nature, Spartacus eût été un des plus grands hommes de la terre. Dans la guerre qu'il fit aux Romains, il eut tour à tour des succès et des revers. « Toutefois, » dit un historien, nous devons prévenir le lecteur » que c'est à tort qu'on attache un intérêt d'exagé- » ration romanesque aux exploits de ce chef de » révolte, surtout par rapport aux dangers dont il » menaça la république. Toute sa vie, les trois » dernières années exceptées, se passa dans l'ab- » jection et dans une profonde obscurité. On con- » naît sa renommée plus que lui, et l'on a peu de » détails sur les événements qui l'ont fait connaî- » tre. » Il périt les armes à la main, à la sanglante bataille des Hirpins qui fut enfin perdue après la résistance la plus opiniâtre. C'est Crassus qui commandait alors les troupes de la république.

LE LABOUREUR.

> . . . .
> Entendra retentir les casques des héros,
> Et son œil effrayé contemplera leurs os.

Dans ce sujet tiré de Virgile, M. Lemaire donne au moins à son laboureur de l'expression, de la vie, et cependant, quoique sous ce rapport cette production ait quelque avantage sur le Thémistocle du même statuaire, elle est loin de lui être supérieure, surtout du côté de la noblesse de la pose. (Pour bien connaître le sujet, voyez Virgile.)

CINCINNATUS.

C'est encore là une belle production de M. Foyatier, bien qu'elle nous paraisse de beaucoup au-dessous de son Spartacus et qu'elle ait plusieurs défauts.

Cincinnatus, ainsi nommé parce qu'il avait les cheveux bouclés, était un illustre sénateur romain. Sa pauvreté, son désintéressement, sa modération, sa fermeté, la gloire qu'il sut acquérir dans les trois dictatures qu'il exerça, en font un homme à part. Jamais Rome n'eut de citoyen moins ambitieux : lorsque la république avait besoin de lui, elle l'envoyait chercher à la cabane qu'il habitait avec sa femme Acélie. Il fallait l'en arracher, pour ainsi dire, et il témoignait toujours, en quittant ses pénates, de vifs regrets de laisser son petit champ à labourer.

PHIDIAS.

Cette statue de M. Pradier est belle, sans être irréprochable. Les draperies en sont presque aussi ridicules que celles du Thémistocle. Elles sont tout aussi lourdes, et si mal disposées, que, vues du côté de la terrasse du bord de l'eau, on les prend, s'il nous est permis de le dire, pour un amas de peaux de moutons. On aurait beau en appeler au caractère des étoffes en usage au temps de Phidias, le bon goût est toujours là pour protester contre tout ce qui s'éloigne par trop des modèles que les anciens ont laissés dans ce genre ; et il faut convenir que M. Pradier y a eu trop peu d'égard. M. Dandré-Bardon a beau dire, l'art des draperies n'est point en progrès chez nos sculpteurs modernes. Si cet écrivain, d'ailleurs si judicieux, avait pu voir celles dont nous venons de parler, il ne les aurait probablement pas comprises dans les pompeux éloges qu'il donne à d'autres draperies, qui, à vrai dire, ne valent guère mieux.

En outre, Phidias a plutôt la mine d'un conspirateur ou plutôt d'un philosophe plongé dans la rêverie, que celle d'un sculpteur inspiré par le génie de son art. Le petit Jupiter olympien qu'on voit à son côté est du plus mauvais effet du monde, et ne rappelle le chef-d'œuvre colossal qu'enfanta le plus grand statuaire de l'antiquité que pour faire sourire.

Phidias était d'Athènes, il parut dans un temps favorable aux arts. Il fut protégé par Périclès, qui le rendit l'ordonnateur et l'arbitre de ses grandes entreprises. Ce que Lebrun fut sous Louis XIV, Phidias le fut sous Périclès.

Toute l'antiquité s'est plu à célébrer son Jupiter olympien. Il disait que l'idée de ce chef-d'œuvre lui avait été inspirée par les vers d'Homère qui représente le maître des dieux ébranlant l'Olympe d'un mouvement de ses noirs sourcils. Cette gigantesque statue avait soixante pieds de hauteur et était composée d'or et d'ivoire fourni au statuaire par les Éliens. Elle fut regardée comme un prodige de l'art et placée conséquemment au nombre des sept merveilles du monde.

PÉRICLÈS.

La statue qui termine la rangée que nous venons d'explorer, est le Périclès de M. Debay (40). C'est une bonne et belle production; mais elle n'est cependant pas sans reproche. Les draperies qui la couvrent, quoique bien peu dignes d'éloges, sont beaucoup moins mal que celles dont nous avons déjà parlé; le casque sans ornement est d'un très-mauvais effet, et mérite à coup sûr l'honneur de figurer non loin de celui qui comprime la tête du Thémistocle.

Périclès, fils de Xantippe, illustre Athénien, cultiva avec soin le talent de la parole; il devint un puissant orateur, se rendit maître absolu de la ville et de toutes les affaires d'Athènes, et cela malgré une grande opposition qu'il eut à vaincre; il se maintint dans cette autorité pendant quarante années, et finit par mourir de la peste.

LE GLADIATEUR MOURANT.

Du point où nous sommes maintenant (devant Périclès), avançons le long de la terrasse du bord de l'eau. Le premier marbre à droite représente le gladiateur mourant; il y a, comme on le voit, plus d'énergie, plus de vie dans ce mourant-là que dans le bien portant vainqueur de Salamine; peut-être n'est-ce pas un défaut. Il est dû à M. Cortot.

Après la bataille de Marathon, que les Athéniens gagnèrent sur les Perses, un soldat, excédé de fatigue, forma le projet de porter la première nouvelle d'un si grand succès aux magistrats d'Athènes, et, sans quitter ses armes, il court, vole, arrive, annonce la victoire et tombe mort à leurs pieds.

ALEXANDRE BLESSÉ.

En avançant un peu, on arrive devant l'Alexandre de M. Lebœuf-Nanteuil (41). Ce marbre représente le monarque macédonien au moment où il vient de recevoir une grave blessure. Genoux en terre, fer en main, il oppose son bouclier aux traits des ennemis, et montre, dans cette attitude, toute son intrépidité de héros. Il n'est pas exempt d'exagération et de manières; mais il plaît aux Parisiens, qui, en général, aiment les sujets héroïques.

Alexandre le Grand, fils de Philippe, roi de Macédoine, fut, comme on sait, un des plus grands capitaines du monde. Assiégeant la ville des Oxydraques, il monta le premier à l'assaut; mais les échelles s'étant rompues, il resta seul sur le mur en butte aux traits des assiégés ; il se défendit longtemps, reçut au côté une large blessure, et aurait fini par succomber si les Macédoniens ne fussent parvenus à s'emparer de la ville.

ENLÈVEMENT D'ORYTHIE.

Il s'agit maintenant de tourner le dos à la terrasse, d'avancer vers le bassin. Le premier groupe à gauche est l'enlèvement d'Orythie ; il fut exécuté par Gaspard Marsy (42) et par François Quesnoy le Flamand (43). Il est faible sous plusieurs rapports. Marsy y travaillait encore quand il mourut ; ce qui fait que cet ouvrage se ressent de l'état d'épuisement où il se trouvait en l'exécutant. Rien de plus ridicule que le gonflement des joues du ravisseur Borée et de son frère renversé : c'est ce qu'on appelle du très-mauvais goût.

Borée, roi de Thrace, a été pris souvent pour le vent Borée par les Grecs, parce que ses états étaient au nord de la Grèce. C'est ce roi qui enleva Orythie, dont il eut deux fils, Calaïs et Zethé ; cette Orythie était fille d'Erecthée, roi d'Athènes.

C'est là le sujet historique ; mais c'est le sujet fabuleux que les sculpteurs ont voulu représenter. En effet, le groupe est composé du vent Borée figuré avec des ailes, d'Orythie qui cherche à retenir son voile que le souffle de son ravisseur emporte, d'un jeune homme couché, que les uns prennent pour un rival terrassé, et d'autres pour un des frères de Borée.

ÉNÉE ET ANCHISE.

En suivant la ligne circulaire que décrivent les groupes et les statues autour du bassin, on trouve à droite Enée emportant son père Anchise. Cette production, selon plusieurs écrivains, est un des chefs-d'œuvre de l'école française ; nous sommes loin de souscrire à ce jugement. Lepautre, qui l'exécuta sur les dessins de Lebrun, pouvait beaucoup mieux faire. Ce morceau, dit un connaisseur, a tous les défauts auxquels le désir de surpasser les anciens, en faisant autrement qu'eux, peut entraîner un artiste dénué de goût. Dans les figures de ce groupe, le choix de la nature est pauvre, l'expression manque de noblesse et surtout de simplicité ; les poses sont tourmentées, et rien n'y rappelle des demi-dieux. Cette critique n'est pas trop sévère, on pourrait même y ajouter.

Énée, prince troyen, fils d'Anchise et de Vénus, après avoir vaillamment défendu sa ville natale (Troie), fut contraint de l'abandonner pour se soustraire à l'incendie que les Grecs y avaient allumé. Il se fit suivre de sa femme Créuse, qu'il perdit en chemin et qu'il ne retrouva plus ; de son fils Ascagne ; et de son vieux père qu'il emporta sur ses épaules. C'est cette fuite que représente ce groupe, qui passe mal à propos, selon nous, pour le chef-d'œuvre de Lepautre, et pour l'un des meilleurs morceaux de l'école française.

LA MORT DE LUCRÈCE.

En suivant toujours la ligne circulaire, on arrive à ce groupe commencé par Théodon (44) et terminé par Lepautre. On n'est pas parfaitement fixé sur le sujet de cet ouvrage. Les costumes feraient croire qu'il s'agit de la mort d'Arrie, car l'homme n'a pas l'habillement simple et grossier que portaient les Romains au temps de Lucrèce ; il est vêtu comme on l'était sous l'empereur Claude, et cette seule observation suffirait pour dissiper le doute, si l'on ne savait que MM. les artistes se donnent parfois la licence d'accommoder les costumes à l'effet qu'ils veulent produire, sans trop s'arrêter à la différence des temps.

D'un autre côté, Piganiol de la Force, Sainte-Foi, Dandré-Bardon, Lenoir, l'Encyclopédie méthodique, la Biographie universelle, disent positivement que ce groupe représente Lucrèce se donnant la mort. L'Académie des inscriptions a pareillement adopté cette version.

Lucrèce, dame romaine d'une rare beauté, reçut, de la part de Tarquin, le plus grand affront qu'une femme vertueuse puisse essuyer. Désespérée d'avoir été ainsi avilie à ses propres yeux, elle se plongea un poignard dans le sein. Ce fut Brutus qui arracha le fer. Il le remit à Collatin, époux de l'infortunée Lucrèce; et dès lors ils jurèrent ensemble de la venger. Le serment qu'ils en firent sur le poignard de la victime amena la révolution qui chassa Tarquin et fit proclamer la république. Cette notice est pour la version la plus accréditée. Voici pour l'autre :

Arrie, femme d'un courage héroïque, se donna aussi la mort, mais par un autre motif. Son mari, Cœcina Pœtus, s'étant attaché à Scribonien, qui avait soulevé l'Illyrie contre l'empereur Claude, fut pris et mené à Rome. Arrie, convaincue qu'il n'y avait aucune espérance de sauver la vie à son époux, lui conseilla de se poignarder ; mais voyant qu'il hésitait, elle prit le poignard, se l'enfonça dans le cœur, et le présentant à son époux : « Tiens, Pœtus, dit-elle, il ne m'a point fait de mal. » *Pœte, non dolet.*

Ce groupe a bien des défauts, dit un des écrivains de la Biograhie universelle. « Les vastes draperies qui volent quoique fort lourdes, l'action exagérée des personnages, appartiennent plutôt au théâtre qu'à la sculpture. Une autre preuve de mauvais goût est cette figure allégorique de l'amour introduite dans un sujet historique. » Ceci soit dit malgré le respect dû à l'opinion de Dandré-Bardon, qui, dans son admiration pour les statuaires des derniers siècles, s'extasie (c'est là le mot) devant la prétendue beauté des draperies de ce groupe.

L'ENLÈVEMENT DE PROSERPINE.

Un peu plus loin, et sur la même ligne circulaire, est un autre groupe composé de trois personnages et d'une figure de lion, sur lequel le ravisseur de la femme nue semble avoir renversé une jeune personne.

Beaucoup de personnes prennent cet enlèvement pour celui de Cybèle par Saturne, et nous ne pouvons disconvenir que la plupart des autorités par nous citées au sujet de la mort de Lucrèce ont dû donner lieu à cette erreur ; mais en lisant avec attention ce que les fabulistes ont écrit sur Saturne, Cybèle, Pluton et Proserpine, on découvre aisément qu'il ne peut s'agir ici que de l'enlèvement de cette dernière. Outre que les mythologistes n'ont jamais parlé de l'enlèvement de Cybèle, voici encore ce qui détermine notre opinion à cet égard.

Pluton, dieu des enfers, fort noir et fort laid, se voyant rebuté de toutes les déesses, prit le parti d'enlever Proserpine, fille de sa sœur Cérès; il l'enleva pendant qu'elle cueillait des fleurs avec ses compagnes. Une d'elles, nommée *Cyane, voulut faire des reproches de cette violence. Pluton la maltraita et finit même par la changer en fontaine.* C'est évidemment cette nymphe que figure la jeune personne renversée par le ravisseur. Quant au lion sur la tête duquel elle est appuyée, il est le symbole de la terre que Cérès, mère de Proserpine, apprit aux hommes à cultiver.

Cette œuvre de Regnaudin (45), bien que généralement goûtée, n'est pas sans défauts. Quelquesuns de ceux que nous avons fait remarquer dans les trois morceaux précédents, peuvent lui être reprochés. Elle a néanmoins des beautés qu'on ne peut assez apprécier. La jeune et belle personne que cet homme âgé, mais plein de vigueur, enlève, et qui, les yeux tournés vers le ciel, semble implorer le secours des dieux, intéresse et captive l'attention. Quelques écrivains pensent que le groupe représente le Temps qui enlève la beauté. L'idée est au moins ingénieuse.

DAPHNÉ CHANGÉE EN LAURIER.

Toujours en suivant le cercle que décrivent les marbres autour du bassin, on arrive à Daphné. La cause de la métamorphose qui s'opère ici a été dite à l'occasion de l'Apollon et de la Daphné précédemment expliqués. Cette statue colossale est très-estimée. Voici ce qu'en dit un connaisseur dont le nom nous a échappé : « La Daphné de Théodon nous semble un vrai modèle des statues de jardin. L'écorce se contourne avec amour sur les flancs féconds et palpitants de cette femme, et saisit cette belle chevelure qui va pleurer (l'auteur suppose que c'est en saule-pleureur que Daphné fut métamorphosée) en longs rameaux. Le grand mérite de ce marbre est d'ailleurs de faire jouer autour de lui le soleil, l'azur et le feuillage avec des mirages inouïs ; or, rien de plus grand au monde que ces deux choses fondues et mariées dans une seule œuvre : la nature et l'art. » Nous souscrivons volontiers à cet éloge en faisant remarquer que le sculpteur a eu le plus grand tort d'allonger les pieds de Daphné et de les défigurer au point de les faire ressembler à ceux d'un orang-outang. Le changement des pieds en racine ne devrait point paraître, et c'est ce qu'aurait certainement compris un sculpteur doué d'un goût plus sûr que celui de Théodon.

ATLAS.

De Daphné à l'Atlas la distance est petite. Cette colossale statue est très-inférieure à la précédente. On y voit bien un personnage construit de manière à porter un très-lourd fardeau; mais l'expression de cette force manque absolument d'énergie. La pose, la tête, les traits ou plutôt l'ensemble du visage conviennent à l'image d'un béat, mais non certainement à un homme formidable tel qu'on se figure Atlas. A la vérité, il est ici représenté au moment ou Persée le pétrifie; et cela doit lui donner une physionomie particulière que nous ne pouvons apprécier, attendu qu'il est difficile d'imaginer la mine que doit faire un homme en se voyant métamorphoser en rocher. Voici l'histoire d'Atlas.

Il était fils d'Uranus, d'une force et d'une taille bien extraordinaires, puisqu'il portait le ciel. On dit qu'il se reposait souvent sur Hercule du soin de soutenir ce fardeau. Ce prince (Atlas) régna sur cette partie de l'Afrique, appelée depuis la Mauritanie, qui est entre la Méditerranée et le mont Atlas. Il refusa l'hospitalité à Persée, qui le pétrifia en lui montrant la tête de Méduse.

PROMÉTHÉE.

Il faut quitter ce point et avancer jusqu'à l'esplanade des orangers. A droite est Prométhée, fils de Japhet et de Clymène. Ce malheureux prince, voulant faire un homme, avait mêlé de l'argile à diverses autres substances. Ensuite il prit au soleil du feu et il en anima sa figure d'argile. Jupiter, irrité contre lui, ordonna à Mercure d'attacher Prométhée sur un rocher à la cime du mont Caucase, où un vautour lui dévorait le foie toujours renaissant. Il subit ce tourment jusqu'à ce que le compatissant Hercule vînt le délivrer.

M. Pradier, à qui ce Prométhée appartient, a eu le bon esprit de supprimer ce qui, dans son sujet, pouvait être repoussé par le goût et le sentiment des convenances. Il a compris tout ce qu'avait d'horrible, de repoussant l'image d'un vautour fouillant dans les entrailles d'un homme vivant; et, en artiste qui connaît le monde et qui juge sainement des effets de la statuaire, il a placé l'oiseau de proie à côté de Prométhée. C'est ce que n'auraient probablement pas fait les sculpteurs qui ont si niaisement enflé les joues de Borée et si ridiculement allongé les pieds de Daphné.

Cet ouvrage de M. Pradier mérite des éloges sous ce rapport comme sous plusieurs autres; et nous lui rendons avec d'autant plus de plaisir cette justice que peut-être avons-nous été un peu sévère dans la critique de son Phidias.

THÉSÉE ET LE MINOTAURE.

Ce groupe sert de pendant au Prométhée. En voici le sujet.

Thésée, fils d'Egée, roi d'Athènes, fut au nombre des sept jeunes gens que les Athéniens, vaincus par Minos, roi de Crête, envoyaient en tribut chaque année à leur vainqueur, qui les livrait au Minotaure du labyrinthe de Crête. Ce monstre, moitié homme et moitié taureau, dévorait ces infortunés.

Ariane, fille de Minos, arma de ses mains le

jeune Thésée pour combattre le Minotaure, et tint le bout du fil qu'elle lui donna afin de le guider dans les détours du labyrinthe.

Le héros immola le monstre. C'est leur combat que ce marbre représente. Il est dû au ciseau de M. Ramey fils (46). Bien que la tête de Thésée soit fort belle, elle n'est point en rapport avec l'action qu'exprime ce groupe. Si M. Ramey eût sérieusement étudié le combat d'Hercule et d'Archéloüs, par le baron Bosio, il y eût sans doute trouvé de quoi l'inspirer, de quoi l'instruire, et son œuvre y eût infiniment gagné.

DIANE ET SA BICHE.

Il faut suivre la petite allée qui se trouve entre une rangée d'arbres et le grillage du parterre à côté, l'on arrive devant la statue de Diane et de sa biche. Nous avons dit en son lieu ce qu'était Diane, nous ne le répéterons pas. Cette production, imitée de l'antique, a bien son mérite, sans toutefois qu'on puisse la citer comme un des premiers morceaux du jardin; les jambes surtout sont mal dessinées et ne répondent pas à l'élégance du reste du corps.

La nature n'a point donné de bois aux biches; il faut, suivant M. Visconti, reconnaître dans celle-là, qui n'est qu'une copie de la copie de Versailles, la bête fabuleuse de Cérynée, cet animal prodigieux aux bras d'or et aux pieds d'airain que la nymphe Taygète avait consacré à la fille de Latone.

FLORE.

En avançant quelques pas on se trouve devant la statue de Flore, selon les uns, et de Glicère, rivale d'Hipparète, femme d'Alcibiade, selon les autres. Nous croyons, nous, que c'est une copie de la Flore Farnèse. Suivant quelques fabulistes, cette déesse n'était autrefois qu'une simple mortelle qui vivait aux dépens des jeunes Romains. Enrichie par eux, elle nomma pour son héritier le Sénat, qui, par reconnaissance, fit son apothéose, lui assigna le domaine des fleurs et la maria à Zéphire, époux sans conséquence, tout aussi léger qu'elle. On pourrait encore la prendre pour une Erato ou pour une Terpsichore, car c'est dans un costume semblable à celui de cette statue qu'est représentée Erato sur les bas-reliefs de l'apothéose d'Homère.

Ce morceau, imité de l'antique, est très-beau; les draperies, surtout, en sont admirables.

UN EMPEREUR ROMAIN.

En se dirigeant vers la terrasse du bord de l'eau, et d'abord après avoir traversé la grande avenue, on se trouve en face de cette statue. Presque tous ceux qui ont écrit sur les sculptures du jardin en font un Jules César. L'un d'eux avance hardiment que sans le nom de Jules César gravé sur le marbre, on serait tenté de prendre cette statue pour un tout autre empereur. Or, nous avons bien examiné, et nous pouvons affirmer, que le nom de César n'y est pas gravé.

Il est bien plus raisonnable de croire que c'est de l'empereur Auguste dont il s'agit ici. Ce personnage porte le manteau *impératorial* et le sceptre, attributs qui ne conviennent point à César, puisqu'il ne fut jamais empereur. Il est sans épée et son casque est à ses pieds. Un César sans épée! cela n'est pas possible. Le globe signifie que cet empereur (car, dans tous les cas, c'est bien un empereur) fut le maître du monde. Or, César n'en fut que le vainqueur. C'est Auguste qui, de fait, fut bien réellement le maître du monde, et c'est aussi cet empereur que la statue représente ainsi désarmé, pour indiquer qu'après de longues et sanglantes guerres, il donna enfin la paix à la terre, et qu'alors sa sévérité fit place à sa clémence.

Qui ne sait que César Auguste fut le premier empereur des Romains; qu'aucun autre prince ne le surpassa en puissance, en grandeur, en clémence, et qu'enfin il légua son nom à son siècle, comme pour marquer que tout ce qui s'y enfanta de beau et de grand fut son ouvrage?

Cette colossale statue n'a pas l'avantage de plaire au public. Son attitude roide et sèche produit d'abord chez les curieux un effet peu agréable; et nous n'en sommes pas surpris : il faut être vraiment connaisseur pour en apprécier les beautés, car elle en a, et du premier ordre. Quelques écrivains l'attribuent à Théodon; cela peut être, mais nous sommes dans l'impuissance d'affirmer avec eux qu'elle est en effet l'œuvre de ce statuaire.

HERCULE FARNÈSE.

En avançant toujours vers la terrasse du bord de l'eau, on arrive devant l'Hercule Farnèse de Comino (47). Cette masse charnue qui, à elle seule, fournirait assurément assez de matière pour en bien et dûment confectionner quatre porte-faix, déplaît généralement. C'est la copie d'une copie de l'Hercule Farnèse de Glicon d'Athènes. Voici un extrait du jugement qu'en porte (de l'original s'entend) un écrivain distingué par ses connaissances en sculpture : « Cet Hercule a les veines gonflées, les muscles tendus et élevés avec un renflement extraordinaire. Ici nous le voyons se reposer, échauffé en quelque sorte et cherchant à respirer, après sa course pénible dans le jardin des Hespérides dont il tient des pommes dans la main. Glicon, en s'élevant au-dessus des formes humaines, s'est montré poète. C'est avec un jugement raisonné que cette production doit être considérée, afin que le génie poétique du maître ne soit pas pris pour de l'enflure, et sa force idéale pour une hardiesse outrée. »

Cette observation peut, jusqu'à un certain point, s'appliquer à la copie de Comino, qui, avec son immense infériorité, n'est pourtant pas sans mérite, puisqu'elle occupe une place dans le jardin des Tuileries, où (et qu'on ne le perde pas de vue) la médiocrité est peu soufferte.

Hercule avait pour frère aîné Eurysté, duquel il reçut l'ordre d'aller chercher les pommes d'or du jardin des Hespérides, gardé par un dragon à cent têtes et à autant de voix différentes. Hercule tua le monstre, entra dans le jardin et emporta les pommes. Fidèle à son modèle, Comino représente le héros grec dans l'attitude que lui a donnée Glicon d'Athènes.

CASTOR ET POLLUX.

En entrant dans la partie de la grande avenue qui traverse le bois, en avançant du côté du bassin octogone (vers la grille du pont Tournant), on laisse à droite et à gauche deux salles de verdure autrefois ornées de statues, qu'on a transportées en partie dans le jardin privé. Après ces salles, il en est deux autres : au milieu de celle à droite, le groupe de Castor et Pollux. Guillaume Coustou et Lepautre ont sculpté ces élégantes et agréables figures.

Castor et Pollux étaient frères. Le premier fut tué dans une querelle que le second avait provoquée. Inconsolable de cette mort, Pollux demanda à Jupiter, son père, de ressusciter Castor et de le rendre immortel. La prière ne pouvant être entièrement exaucée, l'immortalité dont Pollux était déjà doué fut partagée entre lui et son frère, de sorte qu'ils vivaient et mouraient alternativement. L'espèce de torche que Pollux tient à la main peut signifier le flambeau de la vie du frère mort, rallumée aux dépens de la moitié de celle du frère resté vivant.

BACCHUS ET HERCULE.

Dans la salle à gauche se trouvent ces deux statues faussement attribuées à Guillaume Coustou. Déjà deux notices ont été données sur Hercule; quant à Bacchus, il sera fait mention de lui un peu plus loin. On ne peut qu'admirer cette composition distinguée sous presque tous les rapports.

Celui que, d'après l'opinion la plus accréditée, nous donnons ici pour un Hercule enfant, pourrait bien n'être qu'un jeune faune; le vase qu'il tient à la main semble même l'indiquer.

LE CENTAURE.

En avançant encore vers le grand bassin, on aperçoit sur la droite une cinquième salle dans laquelle est Cupidon en croupe sur un centaure. On fait l'éloge de ce morceau. De la distance où on le voit, il ne produit pas, selon nous, un merveilleux effet. La pose du centaure a quelque chose de contraint, et les ailes de l'enfant sont déployées de manière à le faire prendre, au premier coup d'œil, pour un de ces petits êtres fantastiques que rêve l'imagination.

Selon la fable, les centaures étaient des monstres moitié homme et moitié cheval qu'une nue avait engendrés, et c'est d'après le texte mythologique que ce groupe a été composé. Selon l'histoire, les centaures étaient des peuples de Thessalie qui trouvèrent les premiers l'art de dompter les chevaux et de s'en servir pour attaquer leurs ennemis ; ceux qui les virent ainsi montés les nommèrent hippo-centaure, du mot grec *hippo*, qui signifie cheval.

LES LUTTEURS.

Petit groupe dû au ciseau de Magnier (48) ; il passe pour une bonne et agréable production.

LE SANGLIER.

Maintenant il faut quitter l'avenue et entrer dans le couvert. Vers l'angle sud-ouest de cette partie du bois, on arrive devant le sanglier qu'on dit être la représentation de celui tué par Méléagre, ce que nous ne croyons pas. Bien que cette sauvage figure soit estimée, nous nous permettrons de dire qu'elle est mal dessinée ; le corps est trop mince, la tête trop grosse et trop longue pour le corps. Elle est posée en demi-cercle, ce qui est contre nature, attendu que le sanglier est fait de manière à ne pouvoir jamais se plier. Les longues soies dont celui-ci est si libéralement pourvu depuis la tête jusqu'à la queue prouvent que l'artiste n'était pas chasseur, et n'avait probablement jamais vu de sanglier que sur de mauvaises tapisseries. Nous ne dirons rien de ses défenses, faites de manière à lui interdire l'usage des mâchoires.

CLÉOPATRE.

Nous avons laissé loin de nous ce beau bronze imité de l'antique et fondu par les frères Keller. Il est dans une niche pratiquée dans le mur de soutènement de la terrasse du bord de l'eau. Pour le trouver, il faut suivre ce mur en allant vers le château. Au premier escalier, on aperçoit Cléopâtre dormant du sommeil de la mort que vient de lui donner l'aspic qu'on voit entortillé à son bras gauche, ce qui répond assez bien à ceux qui s'obstinent à en faire une Ariane abandonnée dans l'île de Naxos.

Après la mort d'Antoine, qui ne voulut pas survivre à la perte de la bataille d'Actium, Cléopâtre tenta de séduire César Auguste ; mais ses charmes et sa beauté échouèrent auprès du jeune mais inexorable vainqueur.

La reine, désespérée, prévoyant bien qu'il avait le projet de la faire servir d'ornement à son entrée triomphale à Rome, se fit apporter une corbeille de figues où se trouvait caché un aspic. Dès qu'elle fut seule, elle se fit piquer le sein par le reptile, et termina ainsi sa vie aventureuse et peu honorable.

BACCHUS ET SILÈNE.

Actuellement il s'agit de revenir du côté du pont tournant, c'est-à-dire près du bassin octogone, et de prendre la rangée de statues et de termes qui sont adossés au bois. La première à droite est le bonhomme Silène, qui porte le petit Bacchus dans ses bras. Ce morceau, plein de naïveté et de grâce, est à coup sûr l'œuvre de quelque artiste distingué.

Silène fut le père nourricier de Bacchus. En digne gouverneur du dieu du vin, il s'enivrait, souvent : aussi est-il représenté couronné de pampres et de raisins, avec un air gai, quoique un peu vieux. Sa demeure était en Arcadie. Il est mis par les poëtes au rang des astres ; ils eussent mieux fait de le placer au rang des tonneaux.

AGRIPPINE.

Vient ensuite cette impératrice. Les admirables draperies qui l'enveloppent rappellent celles de la statue désignée sous le nom de Glicère. C'est là un des beaux morceaux du jardin.

Agrippine, épouse de l'empereur Claude, et mère de Néron, fit monter son fils sur le trône au préjudice de Britannicus, que sa naissance y appelait. Cette impératrice eut sans doute à se repentir de son aveugle tendresse pour un fils dénaturé, qui, à tant d'autres crimes, joignit l'atrocité de la faire mourir.

LE PRINTEMPS.

Ce terme, avec sa couronne et sa corbeille de fleurs, représente le Printemps. On lui trouve les traits du visage beaucoup trop prononcés et trop sévères pour la saison des fleurs.

L'ÉTÉ.

Après le Printemps vient l'Eté. C'est un morceau qui nous paraît bien inférieur aux autres trois termes placés non loin de lui. Le visage a quelque chose de goguenard plus convenable à Momus, dieu de la raillerie, qu'à l'image de l'Eté. Le masque donne à croire qu'il s'agit de la figure de l'hypocrisie, et quelques écrivains ont adopté cette erreur.

LE PRÉTENDU SCIPION.

C'est là la statue de Jules César, et non celle de Scipion l'Africain, ainsi qu'on le croit communément. Nicolas Coustou, dont le nom est gravé sur le piédestal, n'a jamais fait de Scipion. Pour s'en convaincre, on peut consulter la *Biographie universelle* et l'*Encyclopédie méthodique*, aux articles de cet artiste.

La cause de l'erreur provient de ce que cette statue est placée en regard de celle d'Annibal. On a trouvé tout naturel de donner au héros carthaginois son rival de gloire pour pendant, et l'on est d'ailleurs bien aise de pouvoir dire en passant : « Voyez, comme il regarde Annibal ; ne semble-t-» il pas lui annoncer sa défaite dans les plaines de » Zama ? Cette petite preuve d'érudition de collége flatte la vanité de certaines gens.

Cette statue est digne en tout du célèbre statuaire qui nous a laissé de si beaux morceaux. Celui-ci se distingue des autres en ce que Coustou semble s'y être rapproché du caractère de l'antique dont on lui reproche de s'être trop souvent écarté : ou nous sommes bien trompés, ou cet ouvrage unit l'agrément à la grandeur, qualités qu'on trouve rarement ensemble chez nos sculpteurs français, surtout dans les productions de Nicolas Coustou.

On sait que César fut un colosse de talents militaires. Ses victoires dans les Gaules, ses différends avec Pompée, qu'il vainquit à Pharsale, ses conquêtes en Egypte, en Espagne, etc., etc., en font un de ces héros qu'on prendrait pour fabuleux, si sa vie et sa mort n'étaient mises au nombre des grandes vérités historiques, sur lesquelles il n'est plus permis d'élever le plus léger doute. C'est à quarante-six ans que ce grand homme fut lâchement assassiné en plein sénat. Au nombre de ses assassins était Brutus, son fils naturel. Ce fut l'an 43 avant J.-C. que ce meurtre fut commis.

ANNIBAL.

En face de César, est la statue d'Annibal, composée par Sébastien Soldtz (49). Ce fameux général est représenté ayant la main gauche sur l'orifice d'un vase plein d'anneaux enlevés aux chevaliers romains tués ou pris à la bataille de Cannes. Il tient renversée la principale enseigne des légions romaines, et son pied foule une aigle abattue et mourante. Si la noblesse de l'expression répondait à la beauté de l'exécution, cette figure ne laisserait rien à désirer. C'est, au reste, avec ce défaut, un des plus beaux morceaux du jardin des Tuileries.

Annibal était Carthaginois; dès l'âge de neuf ans, son père lui fit jurer une haine éternelle aux Romains. Devenu général des armées de Carthage, il traversa l'Espagne, les Gaules et les Alpes, arriva en Italie, battit les Romains à la Trébie, au lac de Trasimène, et gagna enfin la bataille de Cannes. Ce héros, mal secondé par la république, éprouva de grands revers sur la fin de sa carrière, qu'il termina par le poison à la cour de Prusias, dans la crainte d'être livré aux Romains qui le réclamaient.

L'HIVER.

Ce terme est placé à une petite distance d'Annibal. Il tient un vase dans lequel est un brasier, au moyen duquel le vieillard cherche à réchauffer ses membres engourdis par l'âge et la gelée. Cet Hiver est mis au rang des bonnes productions du jardin, et mérite en effet d'être ainsi classé.

L'AUTOMNE.

Cet autre terme figure la riche saison où le cultivateur recueille les derniers et les plus précieux fruits de ses travaux. Cette image parlante, armée d'une faucille, soutient une gerbe et porte une corbeille de fruits. Nous avons lu quelque part que le sculpteur Attiret (50) en était l'auteur, ainsi que des trois autres termes dont nous avons parlé; mais outre que le style de ces quatre morceaux indique une époque antérieure à celle où vivait ce statuaire, il n'était certainement pas de force à les exécuter tels qu'ils sont.

LE SILENCE.

C'est le nom que l'on donne à la statue placée après l'automne. On l'appelle aussi la Vestale. Quelques personnes en font une Véturie; mais l'habit qu'elle porte ne convient pas à une dame romaine. *La palla* dont elle est vêtue, dit un auteur, son attitude indiquent une Polymnie. On voit en effet cette muse ainsi représentée sur beaucoup de monuments.

Elle appartient à Pierre Legros (51). On ignore si c'est pendant son séjour à Rome ou après son retour qu'il composa ce beau morceau, auquel, disent les connaisseurs, on ne peut refuser une exécution savante et pleine de délicatesse. Ils en admirent les draperies; mais, ajoutent-ils, les formes et le dessin n'ont point cette sévérité et cette précision dans les contours que l'on trouve dans les sculptures des anciens. Cette observation critique peut être juste; elle n'empêche pourtant pas que cette production ne soit considérée avec raison comme un véritable chef-d'œuvre qui, quoique imité de l'antique, est devenu original par les beautés supérieures que Legros a si bien su lui donner.

BACCHUS.

Cette statue est la dernière de celles qui sont adossées au bois. Elle représente Bacchus, que l'on reconnaît aisément à sa jeunesse, à sa couronne de pampre et de raisins. Elle a de l'élégance, de la grâce, et plaît généralement, bien qu'elle soit, sous plusieurs rapports, d'un mérite fort inférieur à sa belle voisine.

Bacchus, fils de Sémélé et de Jupiter, est, comme chacun sait, le dieu du vin. Sa mère étant morte avant sa naissance, son père, Jupiter, le renferma et le porta dans sa cuisse jusqu'à ce qu'il vînt à terme. Son éducation fut confiée au bon vieux Silène qui, monté sur un âne, accompagna son nourrisson devenu grand dans toutes ses conquêtes, car les vapeurs du vin n'empêchèrent point l'élève de Silène d'être un très-grand conquérant. Il épousa la belle Ariane, que Thésée avait si indignement abandonnée dans l'île de Naxos.

MÉLÉAGRE.

Du point où se trouve le lecteur, il doit marcher vers l'allée des orangers; en y arrivant, il apercevra un beau Méléagre, seul avec un chien et une hure de sanglier. Ce morceau est des plus beaux. Là, point de roideur, point de manière. La pose y est ce qu'elle doit être, celle d'un chasseur un peu las. Le chien, une patte appuyée sur la hure, comme pour la garder, regarde languissamment son maître, et concourt pour sa part au bel effet de l'ensemble. Toutefois les cuisses et les jambes de Méléagre sont manquées; et l'on ne comprend pas comment l'artiste, auteur du buste, qui est un véritable chef-d'œuvre, a pu lui faire des cuisses et surtout des jambes aussi ridiculement disproportionnées. Nous éprouvons un véritable regret de n'avoir pu découvrir le nom du statuaire de ce groupe. Boizot a bien fait un Méléagre dont on ignore la destination; mais il est impossible de lui attribuer celui-ci. Il est l'œuvre d'un artiste de première force, et Boizot n'était guère au-dessus du médiocre dans son art. En outre il est d'une époque beaucoup plus ancienne que celle où vivait cet artiste.

Cette figure doit être imitée du Méléagre du Muséum Pio-Clementin dont la tête est devenue, pour les peintres comme pour les sculpteurs, ce qu'on appelle une *tête donnée*, c'est-à-dire qu'ils ne peuvent, sans crainte d'être soupçonnés d'ignorance, lui donner des traits différents de ceux qui les caractérisent sur les monuments.

LE TIBRE.

Revenu près du bassin octogone, le premier groupe est le Tibre, fleuve qui traverse Rome, et que l'on reconnaît à son gouvernail, à sa barbe limoneuse et plus encore à la louve auprès de qui se voient deux enfants représentant Romulus et Rémus. Ce groupe est un morceau capital, de même que les trois suivants. Le moindre des quatre suffirait pour établir la réputation d'un artiste d'une manière inébranlable. La louve est celle qui allaita les deux frères dont l'un fut le fondateur de Rome. Le nom de Bourdic (52) est gravé sur le piédestal.

LA SEINE ET LA MARNE.

L'un des plus importants ouvrages de Nicolas Coustou est ce groupe. Il faut laisser pour ce qu'elles valent les versions hasardées qui en font deux rivières autres que les deux ci-dessus, et s'en tenir à ce que disent les écrivains dont le témoignage ne fait pas doute à cet égard. Les deux grandes figures de la Seine et de la Marne sont accompagnées de petits enfants qui tiennent les attributs de ces deux rivières.

LA LOIRE ET LE LOIRET.

Le troisième groupe représente ces deux grands assemblages d'eau au moment de leur jonction. A en croire les faiseurs de versions, ce serait le Rhin recevant la Moselle, et non la Loire et le Loiret. Les raisons qu'ils en donnent ne sont pas mieux fondées que celles qui leur font prendre le change sur le groupe précédent. Elles sont d'ailleurs directement opposées au témoignage de tous les auteurs qui ont écrit sur les ouvrages des grands sculpteurs du siècle de Louis XIV, époque où vivait aussi Van-Clève (53), au ciseau duquel le groupe dont nous sommes occupés est dû. Il est très-estimé et mérite en effet de l'être.

LE NIL.

Ce dernier groupe est de Bourdic, du moins est-ce là l'opinion de quelques personnes et la nôtre, aussi uniquement fondée sur des conjectures, car nous n'avons pu rien découvrir de très-satisfaisant à cet égard.

Ce fleuve a le coude gauche appuyé sur un

Sphinx. Douze enfants qui l'environnent indiquent la crue de ses eaux (douze coudées) comme étant l'une de ses élévations favorables à la fertilité de l'Egypte. La base offre en relief l'ichneumon, le crocodile et l'hippopotame, animaux fort communs sur les bords du Nil.

Cet incomparable morceau de sculpture fut, dit-on, composé à Rome d'après un modèle antique découvert sous Léon X ; s'il en est ainsi, le statuaire imitateur aurait fait comme La Fontaine, qui imitait les anciens fabulistes de manière à les effacer.

LES CHEVAUX AILÉS.

A chaque côté de la grille du Pont-Tournant se trouve placé un cheval ailé, dont l'un, celui de droite, porte Mercure, et l'autre, à gauche, la Renommée. Cette dame aux cent bouches est infiniment remarquable par sa gracieuse légèreté ; les chevaux ne sont pas tout à fait exempts de manière ; mais, dit un connaisseur, que ne pardonne-t-on pas au feu dont ils sont animés ! Le sens allégorique des deux figures que portent ces deux magnifiques chevaux, franchissant chacun un trophée d'armes, est trop facile à saisir pour qu'il soit besoin de l'expliquer. Qui n'y verrait la publication des victoires et de la gloire de la France sous le règne de Louis XIV ? Ces groupes sont deux chefs-d'œuvre d'exécution et de composition dus au célèbre Coysevox.

Avant de sortir du jardin, nous dirons un mot d'Apollon et des neuf Muses placés sur le fer à cheval des terrasses, savoir : cinq d'un côté, et cinq de l'autre.

ÉRATO.

La première, après avoir passé l'escalier de la terrasse des Feuillants, est Erato, muse de la poésie lyrique et anacréontique; elle tient une lyre à la main gauche. Son nom vient du grec *éros*, amour.

CALLIOPE.

Muse de l'éloquence et de la poésie héroïque; elle tient une double couronne de laurier et un sceptre ou un rouleau de papier.

THALIE.

Muse de la comédie, tenant à la main droite un masque, à la gauche un manuscrit. Son nom vient de *thallein* (fleurir).

CLIO.

C'est la muse de l'histoire; une trompette est à sa main droite; une espèce d'arme offensive est à son côté. Son nom vient du grec *kleos*, qui veut dire gloire.

EUTERPE.

Muse de la musique; elle tient un cahier de musique, une flûte ou plutôt un hautbois.

URANIE.

Après avoir quitté la terrasse des Feuillants et s'être rendu à celle du bord de l'eau, la première statue est celle d'Uranie, muse de l'astronomie; elle est facile à reconnaître par le globe qu'elle tient à la main gauche et les instruments de mathématiques qu'on lui voit à la main droite. Son nom grec est *Ouranos*, c'est-à-dire le ciel.

TERPSICHORE.

Elle est la muse de la danse; elle tient une lyre à

la main au lieu d'une harpe qu'elle devrait y avoir comme étant son plus ordinaire attribut. Le nom de *Terpsichore* veut dire qui aime la danse.

MELPOMÈNE.

Muse de la tragédie. On lui donne un masque; c'était pourtant bien assez d'un poignard pour la faire reconnaître. Son nom vient de *melpô*, je chante.

POLYMNIE.

Muse de la rhétorique; à la main gauche un écrit sur lequel on devrait lire *suadere*, le but de la rhétorique étant de persuader; elle paraît avoir l'autre main en action comme pour haranguer. Polymnie est composé de *poly* (beaucoup) et *hymnos* (hymne).

L'APOLLON PRÉTENDU.

Nous avons soigneusement examiné les statues que nous venons d'expliquer, afin d'y découvrir Apollon, qui, d'ordinaire, accompagne ses neuf sœurs sur tous les Mont-Parnasse imaginables, et nous avons pu nous convaincre que celui des Tuileries n'a pas l'honneur de posséder le dieu de l'éloquence. Les dix statues ont toutes à la poitrine le signe caractéristique de la femme; ceux donc qui persisteraient à voir un Apollon parmi elles en seraient réduits à en faire un Apollon féminin. Il est bien plus raisonnable de croire qu'il s'agit ici de Mnémosine, déesse de la mémoire, mère des neuf Muses.

On ne sait à qui nous les devons. Il devient chaque année plus difficile de les apprécier, à cause du givre qui les a déjà tellement endommagées que plusieurs ne seront bientôt plus que des blocs informes. On en voit encore assez pour en admirer le travail en général, et les draperies en particulier ; elles nous paraissent très-anciennes.

Au bout de chacune des deux terrasses, en regard de la place Louis XV, sont deux magnifiques lions sculptés par M. le baron Bosio.

Place Louis XV.

Le terrain de la place de la Concorde appartenait à Louis XV, qui en fit présent à la ville de Paris. Ce n'était alors qu'un champ inculte où paissaient les bestiaux.

Ce roi fit tracer par son architecte Gabriel (54) le plan d'une place pour l'appliquer à cette vaste étendue. C'est donc à cet artiste qu'est due la forme qu'elle a maintenant.

En voici les dimensions : 125 toises de longueur et 87 de largeur. Celle des fossés qu'on voit entourés de balustrades est de 12 toises.

Le prévôt des marchands et les échevins de Paris obtinrent de Louis XV la permission de lui ériger, au milieu de cette place, une statue équestre en bronze.

L'inauguration en eut lieu à la publication de la paix, c'est-à-dire le 20 juin 1763 ; elle avait 14 pieds de haut et reposait sur un beau piédestal de marbre.

Un décret du 11 août 1792, rendu par l'Assemblée législative, ordonna la destruction des statues royales. On pense bien que celle de Louis XV ne fut pas épargnée.

Sur ce qui restait du piédestal de la statue détruite, on établit un faisceau de baguettes, pour figurer les quatre-vingt-trois départements. Au centre du faisceau s'élevait un mât à la cime duquel flottait le drapeau qu'avait arboré la révolution.

Plus tard, le piédestal reçut, en échange du faisceau, la statue colossale de la Liberté en plâtre. Vers cette époque, la place Louis XV quitta le nom de place de la Révolution, pour prendre celui de place de la Concorde.

Mais le piédestal et la statue disparurent à leur tour, pour faire place à un modèle de colonne nationale.

Ce modèle fut démoli, parce qu'il masquait la vue et produisait un mauvais effet.

Napoléon, à qui Paris doit de si nombreux embellissements, sembla oublier l'existence de la place Louis XV, tant, sans doute, il lui paraissait peu politique de ramener les souvenirs sur ce sanglant théâtre de la révolution.

A la Restauration, une ordonnance prescrivit d'élever un monument expiatoire au milieu de la place Louis XV, qui avait alors repris son nom primitif.

En conséquence, l'entreprise fut commencée, mais lentement continuée, à cause des différends survenus entre MM. Destouches et Lusson, architectes chargés de la direction des travaux.

C'est en cet état que la révolution de 1830 trouva la place Louis XV. Les embarras qu'elle s'était créés ne lui permirent pas de continuer l'ouvrage commencé.

Le 25 octobre 1836, l'obélisque de Louqsor ayant été dressé au centre de la place, on pensa qu'il était temps d'en reprendre les travaux.

Enfin, M. Hittorf (55) fut appelé et chargé de l'achèvement définitif de la nouvelle promenade. Le

Magasin pittoresque, qui nous a épargné d'ennuyeuses recherches touchant les changements qu'a successivement subis la place, nous apprend encore que cet architecte a eu le bon esprit de s'en tenir au projet de Gabriel. Ce journal attribue à M. Hittorf : 1° l'idée des grands dallages en asphalte ; 2° celle du dallage qui doit réunir sur une même surface l'obélisque et les deux fontaines, diviser la place en deux voies pour les voitures, et former un refuge pour les personnes à pied ; 3° celle de la composition et de l'ajustement des deux grandes fontaines, des colonnes rostrales et des candelabres destinés à l'éclairage de la place.

Sans parler de l'obélisque, qui, plus tard, aura son article à part, les principaux ornements de la place de la Concorde se composent, comme on vient de le dire, de candelabres, de colonnes rostrales, de fontaines et de statues avec des pavillons.

Les candelabres servent à la fois pour l'éclairage et pour l'arrosement. Le socle, qui est octogone, porte un robinet dans son intérieur. Les ornements sont, comme pour les colonnes, très riches, de style grec, et seront dorés. Chaque candelabre pèse 995 kilogrammes.

Les colonnes rostrales ont 9 mètres d'élévation, y compris le piédestal.

Les proues qui saillissent sur chaque colonne sont destinées à recevoir des jets de gaz ; la boule qui la termine porte un bandeau autour duquel on adaptera huit becs de gaz, qui seront allumés lors des jours d'illumination. Le prix de ces colonnes et celui de leur modelage sont, dit-on, fort considérables. Le poids de chacune d'elles est de 4,200 kilogrammes.

C'est M. Adolphe Muel, possesseur des belles fonderies de Tusey, près Vaucouleurs (Meuse), qui a fondu les colonnes et les candelabres. Il est pareillement chargé de fournir les ornements de onte qui doivent entrer dans les deux fontaines.

Tous ces ornements font beaucoup d'honneur à M. Adolphe Muel. Les feuilles de chêne et d'acanthe, les figures des colonnes, ressortent de manière à faire croire qu'elles ont été ciselées.

Le piédestal de chacune de ces colonnes est en pierre. Dans les parties qui sont en regard de la place, on a tracé des cadres qui portent de larges plaques d'un très-beau marbre poli et luisant.

Selon M. Vodoyer fils, architecte *, l'une des deux fontaines est dédiée aux fleuves. Parmi les statues qui doivent la décorer, deux représenteront le Rhône et le Rhin. Les quatre autres figureront les différentes récoltes du sol de la France. Trois génies exprimeront l'agriculture, la navigation fluviale et l'industrie.

La deuxième fontaine est dédiée aux mers. Six statues, dont deux représenteront l'Océan et la Méditerranée, doivent la décorer. Les quatre autres exprimeront les différents genres de pêche. Il y aura de plus trois génies pour représenter la navigation maritime, le commerce et l'astronomie.

Les artistes par qui ces statues doivent être exécutées, sont :

Pour le Rhône et le Rhin, M. Gechter (56);

Pour les différentes récoltes de la France, MM. Usson (57) et Lanno (58);

Pour l'agriculture, la navigation fluviale et l'industrie, M. Feuchère (59);

Pour l'Océan et la Méditerranée, M. Debay père;

Pour les différents genres de pêche, MM. Vallois (60) et Desbœufs (61);

---

* Nous avons en main une lettre confirmative écrite et signée par M. Hittorff.

Pour la navigation maritime, le commerce et l'industrie, M. Brion (62);

Pour les Tritons, les Néréides, qui seront placés dans les grands bassins, MM. Antonin Moines (63), Elchoët (64) et Merlieux (65);

Pour la sculpture d'ornement, M. Hoegler (66).

Le volume d'eau affecté à chaque fontaine est de 350 pouces.

Sur les huit pavillons placés aux angles de la place, quatre sont destinés à loger des surveillants, et les autres à recevoir des escaliers pour descendre dans les fossés.

Sur les huit pavillons sont établies les statues allégoriques des principales villes de France, dans l'ordre suivant :

En entrant sur la place par la rue Royale pour se rendre sur le quai (route de Versailles),

1° LILLE,
2° STRASBOURG, } par M. Pradier;

3° LYON,
4° MARSEILLE, } par M. Pétitot (67);

Et du côté opposé, en face de Marseille :

1° BORDEAUX,
2° NANTES, } par M. Callouète (68);

3° BREST,
4° ROUEN, } par M. Cortot.

Passons à l'examen de ces huit figures.

Et d'abord on dirait que les artistes chargés de l'exécution de ces statues se sont entendus pour rendre insurmontable la grande difficulté qu'offrait déjà le sujet des figures emblématiques, sur lesquelles ils étaient appelés à exercer leurs talents. En leur donnant à toutes presque la même attitude (celle de Strasbourg exceptée), la même allure, ils se sont interdit le moyen d'obtenir l'effet que n'aurait pas manqué de produire une disposition contraire : uniformité, monotonie, voilà ce qu'on devait craindre en voulant représenter les huit cités françaises, et voilà précisément qu'on a tout fait pour aplanir la route qui conduisait à cet écueil.

On est vraiment frappé de les voir se ressembler presque toutes, en des points même sur lesquels elles devaient différer le plus.

Ce que leurs créateurs ont fait de plus sage et de plus clair, c'est, en premier lieu, d'avoir placé sur la tête de chaque statue la tour traditionnelle, au moyen de laquelle on se tient pour averti qu'il s'agit de la représentation d'une ville, et puis après d'avoir gravé sur chaque pavillon le nom de la cité figurée par la femme colosse qu'il supporte. Sans cette *sage précaution*, on eût pu prendre une ville pour l'autre, tant, à deux exceptions près, il y a, par le mouvement et par l'expression, de ressemblance entre elles.

Maintenant examinons-les une à une.

LILLE.

Bien que LILLE ait les pieds sur un canon, une très-longue épée sur l'épaule droite, et l'écusson de ses armes à l'un de ses côtés, elle n'en paraît ni plus fière, ni plus belliqueuse. Au contraire, il semble que cet appareil chevaleresque et militaire lui pèse, l'ennuie, et qu'elle voudrait s'en débarrasser. Il y a dans toute sa personne quelque chose de si jeune, de si naïf, qu'on ne peut se défendre de l'aimer.

Le haut de la draperie est admirable. Le bas est beaucoup moins bien.

Ce qui peut-être contribue à rendre Lille si remarquable, c'est le voisinage de Strasbourg qui contraste avec elle. Placée loin de cette Alsacienne, on peut croire que Lille perdrait de son effet ; elle en conserverait encore assez, par sa propre originalité, pour se faire admirer.

STRASBOURG.

Strasbourg, les pieds également sur un canon, entourée de boulets et d'obus, une clef dans la main droite, une courte épée dans la gauche, la tête haute et bien posée, regarde fièrement le ciel. C'est une très-belle statue, bien supérieure sous tous les rapports à ses compagnes ; elle n'est pourtant pas sans reproche. Les traits du visage manquent de noblesse ; les joues sont trop grosses. Il est vrai que la fierté de l'ensemble couvre un peu ces défauts ; mais elle ne les fait point oublier. Nous n'aimons pas non plus ce poing fermé, ce bras tourmenté. Quant aux draperies, elles sont aussi belles que celles qui enveloppent Lille, et ne laisseraient presque rien à désirer si le bas était aussi bien que le haut. C'est trop de sévérité, sans doute ; mais la production n'en restera pas moins ce qu'elle est, un véritable chef-d'œuvre. Honneur donc à M. Pradier et à son Alsacienne, La pomme.

LYON.

Lyon s'appuie sur une corbeille pleine d'écheveaux de soie, et à ses côtés, de deux urnes coulent le Rhône et la Saône. Ne vous imaginez pas retrouver ici la cité de *Plancus*, telle que vous l'avez vue, ou telle que vous avez pu la rêver : c'est une grosse et grasse dondon au corps droit et roide, au chef immobile, qui ne dit rien, qui ne pense à rien, et qu'on croirait morte, si elle ne donnait à soupçonner qu'elle digère. Ajoutons, pour être juste, que le dessin en est assez correct, et que les draperies, partie la plus difficile de la statuaire, sont très-remarquables et méritent des éloges.

MARSEILLE.

Vient ensuite MARSEILLE qui, par les draperies et l'habileté du travail, se fait assez remarquer pour donner lieu de déplorer que son auteur n'ait pas compris tout ce qu'il y a de vif, de bouillonnant, d'original, dans le caractère des méridionaux. Comme sa voisine, cette statue est horriblement épaisse ; comme elle, inanimée ; et c'est ici d'autant plus désappointant, qu'on s'attend davantage à trouver quelques traces de ce type méridional, si nettement prononcé, si facile à reproduire.

BORDEAUX.

La statue qui, de l'autre côté de la place, fait face à Marseille, est l'ancienne métropole de l'Aquitaine. A sa pose, à ses traits impassibles, à sa froide immobilité, comment reconnaître BORDEAUX ? N'y cherchez pas trace de traits ou de signes caractéristiques, sauf quelques grappes de raisin : elle n'en fournit aucune, pas même celle du regret que lui cause la récente perte de sa splendeur commerciale. Nous avons hâte de la quitter, tant elle prête à la critique, tant il est pénible de n'avoir rien à louer dans un ouvrage de cette importance, qui, sans nul doute, a coûté bien des veilles à son auteur, M. Callouet, resté au-dessous de ce qu'on peut attendre de son incontestable talent.

NANTES.

Ce statuaire n'a pas été plus heureux pour NANTES. Peut-être même la Bretonne est-elle inférieure à la Bordelaise. Rien dans cette production ne rappelle la sauvage Armorique ; rien n'y indique ce que fut cette grande cité, ou du moins ce qu'elle est encore.

BREST.

Brest ne mérite pas les mêmes reproches. Elle a du mouvement, de la vie et surtout beaucoup d'expression. On y remarque quelque chose de sévère et même de rude qu'on aime à voir dans la représentation d'une ville bretonne. Son attitude martiale convient à ce qu'elle est, pleine d'arsenaux et de constructions maritimes, destinés à la défense du pays. A tout prendre, cette statue est une belle et bonne production.

ROUEN.

Si Rouen ne péchait pas par une absence absolue de caractère, en dépit des reproches que quelques connaisseurs lui adressent, à cause de son style monumental, elle serait, à deux ou trois défauts près, digne en tout de la renommée de son auteur; mais le manque d'expression lui nuit à un tel point, qu'il en fait oublier les beautés. Ses bras, et elle n'est pas ici la seule de critiquable sur ce point, ses bras sont d'une grosseur choquante. Quel est le motif qui a déterminé le sculpteur à donner dans un pareil excès ? C'est ce qui ne se devine pas.

Le journal *l'Artiste*, à qui nous devons des remercîments pour avoir beaucoup contribué à raffermir et même à former notre opinion sur les huit statues, dit fort judicieusement : « Quoi ! ce sont là des cités françaises? Elles figureraient tout aussi convenablement, ce me semble, à Saint-Pétersbourg ou à Berlin, et n'y représenteraient pas mieux la Prusse et la Russie qu'elles ne représentent ici la France. »

OBÉLISQUE.

C'est un monolithe de granit rougeâtre en forme pyramidale, ayant 72 pieds de haut avec le pyramidion endommagé que l'on voit au sommet. Sur ses quatre faces, sont des hiéroglyphes qui, d'après M. Champollion, apprennent que cette pierre avait été extraite des carrières de Syènes par ordre de Ramsès II, en l'an 1580 avant Jésus-Christ. Il voulait la faire placer devant un édifice en mémoire de ses hauts faits, lorsque la mort le surprit. Ce ne fut que sous le règne de son frère, le fameux Sésostris, que le monolithe fut achevé et dressé. Il pèse cinq cent mille livres.

C'est Mahomet, pacha d'Egypte, qui en a fait cadeau à Louis-Philippe. On le nomme Obélisque de Louqsor, à cause qu'il était dressé dans le village de Louqsor, situé au milieu des antiques ruines de Thèbes, à vingt-cinq lieues du Caire.

En 1831, un bâtiment, sous le commandement du lieutenant Vernhinac, accompagné de M. Lebas (69), ingénieur de la marine, chargé d'exécuter les opérations du transport de l'obélisque, partit de Toulon.

Arrivé à Louqsor, M. Lebas, à l'aide des machines qu'il avait préposées à l'avance, abattit la pierre monumentale, la fit glisser le long d'un chemin disposé de manière à effectuer avec facilité le mouvement de translation et entrer dans son navire. Puis, faisant voile en aval sur le Nil, il vogue sur la Méditerranée, sur l'Océan, sur la Seine en amont jusqu'à Paris.

On sera bien aise de savoir comment M. Lebas s'y est pris pour redresser l'obélisque sur la base où il repose maintenant. *L'Echo de la Jeune*

France a publié le rapport de cette importante opération. Nous le reproduisons en ces mêmes termes :

« L'obélisque une fois parvenu au sommet du chemin de maçonnerie, dont le point le plus élevé répondait à la surface supérieure de la partie du piédestal appelée acrotère, le problème à résoudre était celui-ci : redresser le monolithe, en le faisant tourner sur une des arêtes de sa base, sans le précipiter ni l'écorner. Pour échapper à ce double danger, M. Lebas, qui, à Louqsor, avait déjà fait tourner l'obélisque sur un demi-cylindre fortement adhérent à l'arête de sa rotation, l'a garni de nouveau d'un bois arrondi, qui, tournant dans un bois creux fixé au piédestal, a complétement atteint son but : l'obélisque a tourné pour se redresser, en exerçant une pression très-forte contre l'acrotère qu'on avait solidement appuyé par deux madriers énormes s'arc-boutant du sol à la face arrière du piédestal.

» Aucun moufle n'avait été immédiatement passé sur l'obélisque ; tous étaient fixés à la tête de dix mâts, placés en dehors de l'obélisque, cinq de chaque côté, tournant sur un cylindre de bois dans lequel ils étaient entrés par leur base, et réunis à leur tête par une moise fortement liée. Ce sont ces mâts qui servaient de pivot à tout le système ; ils tournaient, et l'obélisque tournait avec eux, porté ou tiré par dix haubans qui allaient entourer la tête du monolithe ; dix palans passés à la tête des dix mâts répondaient aux dix haubans, et, sollicités par dix cabestans, emportaient tout cet ensemble sur la base de l'obélisque et sur le cylindre des mâts. Des chaînes placées au sommet du monument et doucement filées à l'extrémité du chemin maçonné, servaient de retenue à l'appareil qu'il fallait tenir en garde contre une sollicitation trop vive ou trop rapide de la force qui enlevait le monolithe. »

On avait craint, dans le principe, que ce monument ne détruisît les lignes admirables que présentent l'avenue des Champs-Elysées jusqu'au château des Tuileries, et la rue Royale, de la Madeleine au palais Bourbon. On voit aujourd'hui que non-seulement la pierre gigantesque de la patrie des Pharaons ne détruit rien, mais qu'elle produit un grand et bel effet. C'est, à notre avis, tout ce qu'il y a de vraiment *grandiose* sur la place de la Concorde, car, s'il faut l'avouer, cette œuvre de la municipalité de Paris nous paraît plus originale que belle, et même d'une originalité un peu étrange : il serait très-facile d'en dire les raisons, s'il nous était permis d'agrandir le cercle dans lequel nous sommes circonscrits. Du reste, louons les intentions de ceux, qui, nous le croyons du moins, ont voulu couvrir un sol ensanglanté dont la vue réveillait d'affreux souvenirs..... C'en est assez, quittons cette place et dirigeons-nous vers l'Arc de Triomphe de l'Etoile; là du moins il y a de la gloire, et les souillures des révolutions n'en altéreront pas la pureté.

Champs-Elysées et Cours-la-Reine.

A leur entrée, sont majestueusement placés sur des piédestaux très-élevés, deux superbes chevaux qui se cabrent, quoique retenus par des écuyers. Guillaume Coustou les avait composés pour Marly. Ces deux groupes peuvent être cités avec orgueil, car les écoles anciennes et modernes n'ont produit rien de mieux dans ce genre. Suivant M. Millin, les chevaux de Phidias, dont on a tant parlé et que toute l'antiquité a si fort admirés, ne sont peut-être pas plus parfaits que ceux-ci.

La promenade des Champs-Elysées commence à la place Louis XV et finit à la barrière de Neuilly. Sa longueur excède 1200 toises, sa largeur d'un côté (le plus près de Paris) est de 160 toises, et du côté de Chaillot de 300 toises.

C'est à Marie de Médicis que l'on doit la première idée de cette promenade. En 1616, elle fit planter l'allée s'étendant du côté de la Seine. Alors le nom de Cours-la-Reine lui fut donné. Elle fut replantée en 1723. Louis XIV fit planter les Champs-Elysées sur un terrain où l'on voyait çà et là des maisonnettes et des jardins. En 1770, il fut replanté.

La principale allée de cette immense promenade s'étend de la barrière de Neuilly à la place Louis XV, d'où elle correspond exactement à la grande avenue du jardin des Tuileries. Il serait superflu d'insister sur sa beauté. Tout le monde peut en juger en la voyant.

Arc de triomphe de l'Étoile.

Napoléon, ayant compris que la situation et les dimensions de l'Arc de Triomphe du Carrousel feraient toujours obstacle à l'expression de la pensée qui le lui avait fait ordonner, choisit et désigna la barrière de l'Etoile pour en faire élever un second dont les proportions, bien au-dessus de celles de tous les Arcs de Triomphe connus en Europe, en feraient un monument unique dans ce genre.

M. Chalgrin (70) fut chargé de son exécution. Il le posa sur des fondements de 26 pieds de profondeur, avec une longueur de 168 pieds et une largeur de 84.

C'est le 15 août 1806 que la première pierre en fut posée. M. Chalgrin mourut, M. Goust (71), son élève, continua les travaux et les conduisit jusqu'à la hauteur de l'imposte du grand arc.

A la restauration, MM Goust et Huyot (72), sous la surveillance de MM. Debut, Fontaine, Gisor et autres, reprirent, tantôt ensemble, tantôt séparément, les travaux, et les poussèrent jusque vers la première assise de l'architrave de l'entablement.

En 1832, M. Blouet (73) fut appelé pour achever l'Arc de Triomphe; et c'est en effet lui qui l'a terminé.

Ce monument, dont la hauteur est de 49 mètres 483 millimètres (152 pieds 3 pouces), et la largeur de 44 mètres 38 millimètres (139 pieds 11 pouces), avec une épaisseur de 22 mètres 21 millimètres (68 pieds 4 pouces), a coûté 9,051,115 francs 62 centimes.

Cette construction monumentale manque d'unité, de concordance entre ses diverses parties; défaut commun à tous les édifices élevés par intervalles. La partie supérieure est beaucoup trop délicatement ornée, et, s'il est permis de le dire, trop historiée; elle contraste fort désagréablement avec la base dont la sévérité, la simplicité et la noblesse sont dignes des plus beaux jours de notre architecture.

Nous trouvons aussi, avec plusieurs critiques, que le monument, romain par ses belles proportions architecturales, grec par la plupart de ses ornements, préoccupe trop, par une telle disparate, l'esprit des visiteurs et leur fait perdre de vue la pensée mère qui a présidé à sa création, ce qui, selon nous, est un vice qu'on ferait aisément disparaître en effaçant tout le papillotage dont on a surchargé le monument en général, et la frise et l'attique en particulier.

Mais ce qu'on reproche le plus à ceux qui ont présidé aux décorations intérieures, c'est d'avoir fait graver les inscriptions nominatives, véritables pommes de discorde, par la jalousie ou le mécontentement qu'elles peuvent inspirer à ceux qui n'y sont pas compris, bien que parmi eux il y ait des noms militaires plus célèbres que la plupart des noms inscrits.

A ces observations critiques que le bon goût ne justifie que trop, ajoutons, en terminant, que dégagé de tous ses frivoles ornements, l'Arc de Triomphe est d'un aspect majestueux, imposant, et que rien jusqu'ici, dans ce genre, n'a offert plus de magnificence et de grandeur.

Sur les faces principales des quatre piliers, sont des groupes sculptés en bas-relief avec quelques parties en ronde bosse.

FAÇADE DES TUILERIES.

Le groupe à droite est le départ : Mars indique le lieu du combat ; un chef excite les soldats ; un jeune homme lui met le bras sur l'épaule, puis un vieillard qui s'apprête à combattre ; derrière lui, un autre personnage ; à gauche, un soldat armé d'un arc, et à sa suite un autre sonnant de la trompette ; au centre, ou à peu près, un cavalier occupé à dompter un cheval. Ce morceau est un des premiers du monument. M. Rude (74), en le produisant, s'est acquis une place distinguée parmi les artistes sculpteurs qui ont pris part aux travaux du monument.

Le groupe à gauche se nomme le triomphe. Ce sont les hauts faits de Napoléon publiés par une renommée et écrits par l'Histoire. On y voit aussi la Victoire qui couronne le héros; puis des villes qui lui rendent hommage. Ce bas-relief de M. Cortot est d'un froid glacial. La présence même du conquérant ne suffit pas pour l'animer un peu. Il est sans expression aucune. C'est d'autant plus étonnant que M. Cortot a souvent donné de belles preuves d'un talent très-supérieur : ce qui rend peut-être le public un peu trop exigeant à son égard.

Sur les tympans de l'arc, se voient deux belles renommées, sculptées par M. Pradier.

Le bas-relief, à droite, figure les funérailles du général Marceau, blessé à Hoschsteinhall. Le prince Charles s'empressa de lui faire administrer des secours, mais ils furent inutiles : Marceau expira presque au même instant. Les armées française et autrichienne se réunirent pour lui rendre les honneurs militaires dus à son grade et à son mérite. Cette œuvre, de M. Lemaire, à l'avantage d'une bonne exécution, joint celui d'exprimer l'action avec beaucoup de netteté.

Sur la même ligne, à gauche, on voit la bataille d'Aboukir, où le général en chef de l'armée turque, pris par Murat, est présenté à Napoléon. M. Seurre (75), auteur de ce bas-relief, aurait pu beaucoup mieux faire, surtout à raison de la moins grande difficulté qu'offrait le sujet à traiter.

Dans la frise du grand entablement, au pourtour de l'édifice, est un bas-relief figurant sur le haut de la face qui est actuellement en regard, et sur la moitié de chaque face latérale, le départ des armées. On voit au centre ce qu'on appelait dans la première révolution les représentants du peuple, devant l'autel de la patrie, occupés à distribuer des drapeaux aux chefs des différents corps. Des deux côtés du groupe, les troupes se mettent en marche. L'exécution du bas-relief dans toute l'étendue que nous avons indiquée, a été confiée, le milieu à M. Brun (76), la partie de droite à M. Laitié (77), et la partie de gauche à M. Jacquot (78).

Nous trouvons dans un n° de l'*Echo de la jeune France* l'opinion d'un connaisseur au sujet de ce bas-relief. La voici :

« Il est bien fâcheux que ceux qui ont été chargés d'exécuter les figures qui règnent autour de la frise en entier, n'aient pas songé à tenir compte du point de vue d'où elles seraient aperçues. Il en résulte que tous les individus, vus de bas et presque par bout, ne nous apparaissent que dans un raccourci très-prononcé et perdent moitié de leur taille, sans perdre de leur grosseur : ils ressemblent vraiment à des nains. Ce serait, selon moi, une bonne œuvre que de *passer le ciseau sur le cordon.* »

Au-dessus de la frise sont onze boucliers placés dans la hauteur de l'attique, portant les onze noms suivants : *Valmy, Jemmapes, Fleurus, Aboukir, Zurich, Montenotte, Lodi, Castiglione, Arcole, Rivoli, les Pyramides.*

L'Attique est couronnée, de ce côté et des trois autres, par une balustrade composée de palmettes et de têtes de Méduse.

FAÇADE DU ROULE.

Sur les tympans de cet arc sont deux figures représentant l'infanterie. L'un, grenadier vieille-moustache, enveloppé dans un drapeau, tient son arme d'une main et une branche de chêne de l'autre. Le personnage de droite est un chasseur serrant fortement son arme. Cette composition, qui n'est pas sans mérite, appartient à M. Bra (79).

Le bas-relief placé immédiatement au-dessus est de M. Gechter. Il s'agit de la bataille d'Austerlitz. Napoléon, à cheval, arrête la garde impériale. L'infanterie française attaque à la baïonnette. Les Russes, s'étant retranchés sur un étang glacé, sont engloutis. Ce cadre fait honneur à M. Gechter.

La moitié à gauche du bas-relief de la frise du grand entablement fait partie de celui de la face des Tuileries, dont nous avons parlé. L'autre moitié est la continuation du bas-relief de la même frise, du côté de Neuilly, dont nous allons bientôt nous occuper.

Sur les quatre boucliers de l'attique sont les noms suivants : *Gênes, Héliopolis, Marengo, Hohenlinden.*

FAÇADE DE NEUILLY.

Le groupe à gauche représente la Paix. On y reconnaît la classique Minerve, un soc de charrue, la vigne et l'éternel olivier, plus une femme et un enfant, plus un autre enfant qui lit ; un guerrier qui remet l'épée dans le fourreau, etc. Ce qui, dans ce morceau, où il y a bien du gâchis, nous paraît beaucoup au-dessus des autres figures, c'est un jeune soldat qui s'efforce de soumettre au joug un bœuf peu docile.

L'autre groupe, à droite, figure la Résistance, et il faut bien le dire, car il serait impossible de le comprendre. Un jeune homme au corps noué veut s'élancer le fer en main : son père, blessé, lui étreint la cuisse. Une femme, tenant un enfant mort, lui serre le bras. Derrière, un cavalier blessé tombe de cheval ; au-dessus, un génie pousse le jeune homme à résister.

M. Etex (80), auteur de ce groupe et du précédent, a été aussi malheureux dans l'agencement de toutes les figures que dans leur exécution. Le dernier surtout pèche par un défaut capital, celui d'être incompréhensible. Tous les deux montrent une incertitude de composition et une exagération de formes qui ne sont vraiment pas tolérables.

Dans les tympans de l'arc sont deux renommées exécutées par M. Pradier.

Le cadre à gauche reproduit la prise d'Alexandrie, exécutée par M. Chapponière (81). Le général Kléber, blessé sur le rempart, une main sur sa blessure, commande aux soldats d'avancer. Plusieurs militaires montent à l'assaut. Ce morceau, habilement exécuté et d'une composition nette et facile, fait beaucoup d'honneur à M. Chapponière.

Le cadre de droite, de M. Feuchère, exprime le passage d'Arcole, où Bonaparte, se saisissant d'un drapeau, marche en avant du pont. Son aide de camp tombe mortellement frappé. Un jeune tambour bat le pas de charge, et avance lui-même pour animer les soldats. Dans ce morceau, M. Feuchère s'est montré grand artiste. A tout l'intérêt de la situation, qu'il a parfaitement rendu, il a su joindre le mérite d'une belle exécution.

Dans la frise, encore un bas-relief dont, à grande peine, on aperçoit les figures, à cause de l'éloignement, et dont la guirlande se continue sur chaque moitié des faces latérales, de manière à joindre les autres parties. On aperçoit, disons-nous, le retour des armées ; la France régénérée, accompagnée de la Prospérité et de l'Abondance, décerne des couronnes aux chefs des armées. A droite et à gauche, des troupes conduisent les prises faites sur l'ennemi.

Cette partie de la guirlande qui embrasse les quatre faces du monument a été exécutée, savoir ;

le centre, par M. Callouette ; le côté droit, par M. Seurre, et enfin le côté gauche par M. Rude.

Le point de vue ne nous permet pas de manifester notre opinion sur l'exécution de ce bas-relief, qui du reste, à le juger en gros d'où nous le voyons, ressemble fort à du galimathias.

Au-dessus de la frise, onze boucliers avec les noms *Ulm, Austerlitz, Iéna, Friedland, Somosierra, Essling, Vagram, Moscowa, Lutzen, Dresde, Leipzig.*

FACE DE PASSY.

Les tympans de cet arc sont ornés de deux figures représentant la cavalerie. Celle de droite est un lancier, et celle de gauche un carabinier défendant son guidon. C'est M. Vallais qui est auteur de ces figures, et elles nous paraissent bien exécutées.

Sur le cadre au-dessus des tympans, un beau bas-relief de M. Marochetti (82). C'est la bataille de Jemmapes. Le général Dumouriez ranime l'ardeur de ses troupes. Le général Drouet a la jambe cassée. Le duc de Chartres est au nombre des généraux qui accompagnent Dumouriez. Vers la droite, un officier ennemi est fait prisonnier.

Dans la frise est la continuation de la guirlande de figures dont nous avons donné la description.

Ensuite des boucliers, sur lesquels quatre noms de batailles, savoir : *Hanau, Montmirail, Montereau* et *Ligny.*

ARCADES DU MONUMENT.

On lit sur les murs de l'arc transversal trois cent quatre-vingt-quatre noms de généraux, sur l'inscription desquels nous avons émis une opinion.

Au dessus des tables d'inscription, on voit quatre bas-reliefs allégoriques; ils représentent les victoires *du nord, de l'est, du sud et de l'ouest.*

La Victoire du Nord vient d'inscrire sur une table les batailles gagnées sur les armées autrichiennes, russes et prussiennes. Puis des Génies en quantité fonctionnant chacun dans l'ordre prescrit par le ciseau de M. Bosio neveu (83), qui, dans la composition de ce bas-relief, n'a rien à restituer à monsieur son oncle.

Pour la Victoire de l'Est, une prodigieuse quantité de Génies autour de la figure principale, lesquels représentent des Intelligences militaires, telles que les a élaborées le cerveau de M. Walcher (84).

La Victoire du Sud tient une tablette sur laquelle les principales batailles gagnées par les Français sont inscrites. Et puis encore des Génies, et la Sculpture immortalisant les traits de Napoléon, qui certes, s'il vivait encore, ne manquerait pas d'en remercier M. Gérard, auteur de cette médiocre production.

La Victoire de l'Ouest est représentée dans le groupe par la figure principale. Des branches de laurier sont dans ses mains; elle en couvre des Génies militaires, dont deux soutiennent une guirlande de fruits. Nous nous abstenons de dire ce que rappellent le sceptre et le diadème brisés. Ce bas-relief est de M. Espercieux.

Ces quatre morceaux nous paraissent de la dernière médiocrité. Peut-être ne sont-ils pas achevés. Ainsi soit-il pour l'honneur artistique de ceux qui les ont ainsi ouvragés.

NOTES
Biographiques.

(1) BERNINI, célèbre architecte italien, que Louis XIV appela en France pour opérer la réunion des Tuileries et du Louvre. On rapporte qu'après avoir causé architecture avec Claude Perrault, il ne put s'empêcher de manifester son étonnement de ce que Louis XIV, ayant un homme de cette force à sa disposition, eût eu recours à un architecte étranger.

(2) CLAUDE PERRAULT. Cet architecte naquit à Paris en 1613. Son père, avocat au parlement, lui fit étudier la médecine. Colbert le chargea de traduire Vitruve. Les études qu'il fut obligé de faire afin d'arriver à la parfaite connaissance de cet écrivain, lui inspirèrent le goût de l'architecture et dévoilèrent les rares dispositions qu'il avait pour cet art. C'est surtout dans les discussions qui eurent lieu à l'occasion de ses plans sur le Louvre, qu'il montra son immense supériorité.

(3) CHARLES PERCIER, architecte, né à Paris en 1774, a presque toujours été associé aux travaux de M. Fontaine, son ami d'enfance et son collègue. Ils ont publié en commun plusieurs ouvrages. Ce sont eux qui ont exécuté ensemble les travaux d'achèvement et de restauration au Lou-

vre et aux Tuileries. Ils étaient architectes de Napoléon. M. Percier dessine, dit-on, avec une précision et une élégance fort remarquables, les détails d'architecture. Il est membre de l'Institut, de l'Académie des Beaux-Arts et du Conseil des bâtiments civils. Il a été nommé chevalier de l'Empire et officier de la Légion-d'Honneur.

(4) PIERRE-FRANÇOIS-LOUIS FONTAINE. Il est architecte du Musée royal et des bâtiments civils de la couronne. membre de l'Ecole d'architecture et des Beaux-Arts. Il est en outre officier de la Légion-d'Honneur, chevalier de l'ordre de Saint-Michel, et dans les bonnes grâces du gouvernement.

(5) CHARLES-AUGUSTE TAUNAY, sculpteur, né à Paris, en 1768, est mort à Rio-Janeiro en 1824. Ses ouvrages les plus remarquables, outre ceux dont il est parlé, sont une statue en pied du général Lassalle, un buste de Ducis, le tombeau du fils du général Duroc et la statue du Camoëns exécutée à Rio-Janciro.

(6) ANTOINE-LÉONARD DU PASQUIER, sculpteur, auteur de plusieurs morceaux assez estimés, entre autres, une capitulation d'Ulm, une statue de Réné Duguay-Trouin, et un des bas-reliefs qui ont été coulés pour la colonne de la place Vendôme. Il obtint une médaille en 1810. Cet artiste est mort.

(7) AUGUSTE-FÉLIX FORTIN, statuaire et peintre. Parmi un grand nombre de statues et de bustes que cet artiste a exécutés, nous citerons seulement une statue de Napoléon, le fronton de la porte du Louvre, qui fait face au pont des Arts, le buste de Visconti, celui de La Bruyère, sainte Geneviève et la Religion, pour l'église Saint-Etienne-du-Mont, etc. Il a remporté deux grands prix de sculpture et a été nommé membre de l'Académie royale.

(8) JEAN BOICHOT, sculpteur-statuaire, né à Châlons-sur-Saône en 1738, et mort à Paris en 1814, est auteur d'un grand nombre d'ouvrages, dont les plus remarquables sont une statue d'Hercule assis, le groupe de saint Michel et la statue de saint Roch. M. Boichot avait été nommé, peu de temps avant sa mort, sculpteur du roi, membre de l'Académie de sculpture et correspondant de l'Institut de France.

(9) JACQUES-PHILIPPE LESUEUR, statuaire, né à Paris en 1759. Il a fait le couronnement de Bonaparte, la statue de Montaigne, celle du Bailli de Suffren, le tombeau de

Rousseau, le Rhin, etc. Cet artiste remporta le premier grand prix de sculpture en 1780 et a été nommé membre de la Légion-d'Honneur en 1828.

(10) CHARLES-ANTOINE CALLAMART, sculpteur-statuaire, mort vers 1821. Il avait obtenu le premier grand prix de sculpture en 1797.

(11) CLAUDE RAMEY, père, né à Dijon en 1754. Il remporta le grand prix de sculpture en 1782, et partit pour Rome. Il a exposé le buste en marbre de Scipion l'Africain, une Sapho assise, une statue du cardinal de Richelieu, le général Kléber, la statue de Napoléon en costume impérial, le modèle du Génie des vertus héroïques, etc. M. Ramey père est membre de l'Académie royale des Beaux-Arts, de l'Institut, et chevalier de la Légion-d'Honneur.

(12) JEAN-PIERRE CORTOT, statuaire, né à Paris en 1787. Il a produit un grand nombre de bons ouvrages, parmi lesquels on distingue Pandore, Narcisse, Soldat grec annonçant la victoire de Marathon, la reine Marie-Antoinette soutenue par la Religion, le roi Louis XVI avec des accessoires représentant la Justice, la Piété, la Bienfaisance et la Modération, etc. M. Cortot a remporté le deuxième grand prix en 1806, et le premier grand prix de Rome en 1809. Il a obtenu la décoration de la Légion-d'Honneur à l'exposition de 1824, et a été nommé en 1825 membre de l'Institut et de la commission des Beaux-Arts.

(13) JAME PRADIER, statuaire, né à Genève en 1794, élève de Lemot. Il a des morceaux dont on fait grand cas. Le premier grand prix de Rome lui fut décerné en 1814. En 1819, il obtint une médaille d'or, fut nommé membre de l'Institut et officier de la Légion-d'Honneur.

(14) JACQUES-EDME DUMONT, statuaire, né à Paris en 1761. On a de lui un buste du général Marceau, une des filles de Niobé, la statue en pierre de Louis-d'Outremer, une statue de Colbert, celle de Lamoignon, de Pichegru, et beaucoup d'autres ouvrages importants. Cet artiste a remporté le deuxième grand prix de sculpture en 1786 et le premier grand prix en 1788.

(15) N. ESPERCIEUX, statuaire, né à Marseille, n'a jamais eu de maître. Il a donné les bustes de Molière et de Racine, la statue de Napoléon, celle de Corneille, Philoctète

en proie à ses douleurs, et plusieurs autres ouvrages dignes d'éloges.

(16) GÉRARD, sculpteur à Paris. On doit à cet artiste, entre autres productions, le Roi apportant la paix; les Lois et la France lui rendant son sceptre et sa couronne; la Restauration, bas-relief pour la cour du Louvre. M. G. est un fort bon artiste.

(17) PIERRE CARTELLIER, statuaire, né à Paris en 1757. Au nombre de ses productions, on compte la Guerre et la Vigilance, la statue de Vergniaud, la Gloire distribuant des couronnes. Cet artiste était chargé d'une partie des travaux du monument qu'on élevait à la mémoire du duc de Berry. Il fut professeur à l'Ecole des beaux-arts et membre de l'Institut. Il a été décoré de la croix de la Légion-d'Honneur au salon de 1808, et fait chevalier de l'ordre de Saint-Michel en 1824.

(18) PIERRE-CHARLES BRIDAN, statuaire, né à Paris en 1766. Il a remporté en 1789 le second grand prix, et deux ans après le premier grand prix de sculpture. Parmi ses nombreux ouvrages, nous citerons l'Immortalité; Epaminondas mourant; Duguesclin; le colosse de l'éléphant pour la fontaine de la Bastille. Cet artiste a obtenu plusieurs prix aux expositions où ses productions ont été admirées, notamment à celle de 1819 à laquelle on lui décerna le grand prix de sculpture proposé par le roi Louis XVIII.

(19) MONTONY. Nous ne savons rien de positif sur cet artiste, sinon que sa statue du Carabinier annonce un vrai talent.

(20) ROBERT-GUILLAUME DARDEL, sculpteur-statuaire, né à Paris en 1749, et mort en 1821. Il a produit Virginius tuant sa fille; Henri IV pleurant dans les bras de la Victoire; le grand Condé couronnant Louis XIV. Il a exécuté plusieurs modèles d'après lesquels ont été coulées en bronze les statues de Duguesclin, d'Apollon ôtant le masque de Voltaire, et de Descartes débrouillant le chaos. M. Dardel fut professeur de l'Académie, administrateur du Musée de Versailles et professeur à l'école de cette ville.

(21) J. CHINARD, sculpteur, né à Lyon en 1765 et mort en 1813. Il remporta en 1786 le premier prix de sculpture à Rome. Il a fait un assez grand nombre d'ouvrages estimés. On lui attribue une part dans la sculpture d'orne-

ments de l'arc de triomphe du Carrousel. M. Chinard a été professeur à l'école spéciale de Lyon et a obtenu une grande médaille en 1808.

(22) FOUCOU, sculpteur. Il a exposé une statue de Pierre Puget, le buste du général Dampierre, un buste du cardinal Maury, une Erigone, la Gloire et une Hébé.

(23) CORBET. La manière avec laquelle son groupe de l'arc de triomphe du Carrousel a été exécuté témoigne assez en faveur du talent de cet artiste, pour nous faire regretter de n'avoir rien de plus à en dire.

(24) LE BARON FRANÇOIS-JOSEPH BOSIO, officier de la Légion-d'Honneur, chevalier de l'ordre royal de Saint-Michel, membre de l'Institut, premier sculpteur des rois Louis XVIII et Charles X, membre du jury du Musée, né à Monaco, le 19 mars 1769. Venu en France fort jeune, il prit des leçons de Pajou; mais il ne tarda guère à le quitter et n'écouta plus que ses inspirations réglées par une étude constante de l'antique. Plusieurs de ses productions, qui sont en très-grand nombre, décorent diverses églises d'Italie. Il serait fatigant de les énumérer toutes et embarrassant de citer celles qui méritent la préférence. On voit de lui à Paris des bas-reliefs à la colonne de la place Vendôme; l'Amour séduisant l'Innocence; le jeune Hyacinthe, attendant, couché par terre, son tour pour lancer le palet; le duc d'Enghien; Louis XIV triomphant à cheval, place des Victoires; la France et la Fidélité; Henri IV enfant, buste de Louis XVIII et de madame la Dauphine. Il avait été chargé du monument expiatoire consacré à la mémoire de Louis XVI. On a vu encore de lui, à l'exposition de 1837, la nymphe Salmacis, qui a fait l'admiration de tous les connaisseurs, même de ceux que la prévention aveugle le plus. M. le baron Bosio est un artiste tout à fait à part.

(25) PHILIBERT DELORME naquit à Lyon vers le commencement du XVe siècle, et de bonne heure il alla étudier l'antique en Italie. Il y construisit le palais de Saint-Nisier, et donna à son retour les plans des châteaux d'Anet et de Meudon. Il travailla même à celui-ci avec le Primatice, son contemporain; mais ce fut dans la construction du palais des Tuileries qu'il déploya les richesses de son génie. Catherine de Médicis le fit abbé de Saint-Eloi, de Nayon et de Serge d'Angers, quoiqu'il ne fût que tonsuré. Elle y joignit la qualité de conseiller et d'aumônier ordinaire du roi. Il eut des différends avec le poëte

Ronsard qui avait publié contre Delorme une satire intitulée : *la Truelle croisée*. Il mourut en 1577, après avoir publié des écrits qu'on a oubliés.

(26) JEAN BULLANT, habile architecte comme Delorme, florissait en 1540 et vivait encore en 1573. Il a fait le château d'Ecouen, monument dont la France s'honore à juste titre. Un auteur dont le nom nous échappe dit, dans un parallèle de l'architecture antique et de l'architecture moderne, que Bullant est, parmi les artistes de son époque, celui qui suivit les traces des anciens avec le plus d'intelligence et de lumières. Il a laissé plusieurs écrits traitant d'architecture.

(27) ANDROUET-DUCERCEAU naquit à Orléans, ou, selon quelques écrivains, à Paris. La faveur du cardinal d'Armagnac lui procura les moyens d'aller en Italie pour se perfectionner dans l'architecture. Le Pont-Neuf fut commencé par lui, le 30 mai 1578. Il fut chargé par Henri IV de continuer la galerie du Louvre, commencée par Charles IX ; mais il ne put la terminer à cause de son attachement à la religion prétendue réformée qui l'engagea à s'expatrier.

(28) ETIENNE DUPERRON. Il paraît qu'il fut architecte de Henri IV, et à ce titre on aime à lui supposer du talent. Nous sommes dans une complète ignorance sur tout ce qui le concerne.

(29) LOUIS LEVEAU, architecte, né en 1612, se distingua dans son art. C'est lui qui continua l'église Saint-Sulpice, et qui donna les dessins de la chapelle de la Vierge. Il construisit l'hôtel Lambert, de Pons, de Colbert et de Lionne, et mourut à Paris en 1670.

(30) FRANÇOIS DORBAY, né à Paris, mort et enterré à Saint-Germain-l'Auxerrois en 1697. Il conduisit les travaux de l'église et du collége des Quatre-Nations, sur les dessins de son maître, Louis Leveau ; ceux du Louvre et des Tuileries, après la mort de celui-ci. Il a donné les dessins de Saint-Germain-l'Auxerrois, ceux de l'église des Capucins, de la place Vendôme, et du portail de la Trinité, rue Saint-Denis.

(31) JEAN-BAPTISTE-BALTHAZARD KELLER naquit à Zurich en 1638, et mourut à Paris en 1702. Cet artiste fut nommé commissaire général de l'artillerie du roi, et in-

specteur de la grande fonderie de l'arsenal royal à Paris. Il avait un frère, qui avait aussi de l'habileté.

(32) ANTOINE COYSEVOX, sculpteur-statuaire, originaire d'Espagne, naquit à Lyon en 1640, et mourut à Paris en 1720, après avoir été membre de l'Académie, pendant quarante-quatre ans professeur, et deux ou trois ans chancelier. Il a fait un grand nombre d'ouvrages du premier mérite, que le vandalisme révolutionnaire a dégradés ou détruits; mais ceux que l'ignorance et la barbarie ont épargnés suffisent pour assurer à Coysevox une gloire qui ne périra pas.

(33) NICOLAS COUSTOU naquit à Lyon le 9 janvier 1688. Il vint à Paris recevoir les savantes leçons de Coysevox, son oncle. Il fut membre de l'Académie, et mourut le 1er mai 1733. Il s'est distingué par l'esprit de ses compositions et l'agrément de son exécution; mais on ne trouve point dans ses ouvrages le caractère de l'antique. On pourrait lui reprocher de s'être trop pénétré du goût français, et d'avoir plus d'agrément que de grandeur. A ce jugement de son biographe, peut-être un peu sévère, ajoutons ce que le chevalier de Jaucourt pensait du talent de ce célèbre artiste. « On remarque, dit-il, dans les productions » de Nicolas Coustou, un génie élevé, un goût sage et dé- » licat, un beau choix, un dessin pur, des attitudes vraies » et pleines de noblesse, des draperies élégantes et moel- » leuses. »

(34) GUILLAUME COUSTOU, frère de Nicolas, naquit à Lyon en 1678. Il fut élève de Coysevox, son oncle, et surpassa peut-être son frère. C'est faire un bien grand éloge du talent de cet artiste, car Nicolas était au moins un des premiers statuaires de son époque.

(35) PIERRE LEPAUTRE naquit à Paris en 1660, et y mourut en 1744. Plusieurs ouvrages de lui sont fort estimés; entre autres le groupe d'Enée et d'Anchise. Cette production passe pour être son chef-d'œuvre, et fait même autorité dans l'école française. Nous croyons son Faune à la biche et son Hippomène mieux exécuté que ce groupe.

(36) M. BARYE, sculpteur et graveur, demeure à Paris. Il a exposé plusieurs bustes et obtenu en 1820 le deuxième grand prix de sculpture. Moins M. Barye nous semble être en faveur auprès de l'administration, plus il devient pressant pour nous de citer les reproches qu'elle s'est attirés à

l'occasion de cet artiste. On lit dans un journal les paroles suivantes extraites d'un article sur le salon de 1834 :

« Peut-être l'administration, ne voulant rien faire à demi, affecte-t-elle de n'estimer aucunement les talents qu'elle déshérite. Mais par quelle inconséquence alors M. Barye, qu'elle a cru devoir décorer, il y a bientôt deux ans, n'a-t-il pas encore été mis par elle à même de propager son nom par quelque honorable et sérieux travail? Quels essais promettaient donc plus de grandeur et de nouveauté? Quelles études promettaient plus de science et de maturité?

(37) PIERRE-JEAN DAVID, statuaire à Paris, né à Angers en 1792, élève de David, son oncle, et de Roland. Il a un assez grand nombre de productions estimées. C'est lui qui a fait pour le gouvernement le fronton de Sainte-Geneviève (Panthéon), dont les journaux de la capitale ont tant parlé, et dont nous ne parlerons pas, afin de ne donner aucune couleur politique à un ouvrage qui ne doit point en avoir. Cet artiste a obtenu en 1810 le deuxième grand prix à Rome, et en 1811 le premier. Il est membre des Académies de Cambrai et de Gand, de l'Institut, et professeur à l'Académie de peinture. Il a été nommé en 1826 chevalier de la Légion-d'Honneur.

(38) PHILIPPE-HENRI LEMAIRE, statuaire, né à Valenciennes en 1798, élève de Cartellier. C'est encore un de nos premiers artistes. Il a remporté le deuxième grand prix en 1819, le premier grand prix en 1821, et une médaille de première classe au salon de 1827. On est étonné de ne pas le voir au nombre de ses confrères décorés, car, à coup sûr, M. Lemaire en a assez fait pour mériter cet honneur aussi bien que tant d'autres.

(39) DENIS FOYATIER, statuaire, né à Bussière en 1793, élève de Lemot. Il a fait des bustes et des statues dont plusieurs sont justement estimés. Il a obtenu une médaille d'encouragement, une autre médaille à l'Ecole royale de Paris en 1817, et le prix de sculpture à Lyon en 1816. Quelque honorables que soient les hommages rendus à M. Foyatier, ils sont loin, selon nous, d'être au niveau de son talent. Son Spartacus seul méritait beaucoup mieux ; une décoration siérait fort bien à cet artiste.

(40) JEAN-BAPTISTE DE BAY, statuaire à Paris, né à Moulins en 1779. Il a produit des ouvrages dont on fait justement cas ; il a obtenu une médaille d'or au salon de 1817, et la croix d'honneur à l'exposition de 1824. M. de Bay est un des célèbres statuaires de la capitale.

(41) CHARLES-FRANÇOIS LEBOEUF-NANTEUIL, statuaire, né à Paris en 1792, élève de Cartellier. On lui doit de bonnes productions. Il avait été chargé de l'exécution du monument à la mémoire de Louis XVII, à la Madelaine. Il a remporté le grand prix de Rome en 1817, et la médaille d'or de première classe à l'exposition de 1827. M. Nanteuil n'est pas encore trop âgé ; espérons qu'on ne lui fera pas plus longtemps attendre les distinctions que ses confrères ont obtenues et qu'il doit obtenir à son tour.

(42) GASPARD MARSY, sculpteur-statuaire, naquit à Cambrai en 1628. Il avait un frère aîné, Balthasar, avec lequel il travailla tout le temps qu'il vécut ; mais après la mort de ce frère, Gaspard, réduit à travailler seul, montra une grande infériorité. Il mourut en 1681.

(43) FRANÇOIS QUESNOY-LEFLAMAND était, suivant le chevalier de Jaucourt, un artiste admirable dont les productions tiennent un des premiers rangs dans la sculpture par le goût, la correction du dessin et la belle imitation de l'antique. Il naquit à Bruxelles en 1594, et mourut en 1646 empoisonné, dit-on, par son propre frère.
Quelqu'un lui disait un jour qu'une figure à laquelle il travaillait depuis longtemps était assez terminée : « Vous le croyez, répondit le statuaire, parce que vous n'avez pas sous les yeux le modèle que j'ai dans l'esprit, et dont mon ouvrage doit être une copie fidèle. »

(44) JEAN THÉODON, sculpteur français, a peu travaillé pour la France. On ne sait en quelle année ni en quelle ville il naquit. C'est lui qui commença à Rome le groupe de Lucrèce et Collatin, terminé par Lepautre. On doit croire que s'il l'avait fini lui-même, il lui aurait laissé moins de pesanteur. Théodon fut un très-bon artiste.

(45) THOMAS REGNAUDIN, né à Moulins en 1627, fut élève de François Auguier. Il fut envoyé à l'école de Rome par Louis XIV. On lui reproche de la manière et de la pesanteur.

(46) RAMEY fils, statuaire, à Paris, a obtenu au concours de l'Institut le deuxième grand prix de sculpture, et le premier grand prix en 1815. Une médaille d'or lui a été aussi décernée en 1827. Il est membre de l'Institut ; des encouragements aussi honorables le conduiront sans doute avant peu à la décoration de la croix d'honneur.

(47) COMINO. Nos recherches ne nous ont rien appris sur lui.

(48) MAGNIER et non Mangin, ainsi qu'on le nomme dans plusieurs écrits. Toutes les recherches faites à l'occasion de cet artiste n'ont produit que cette rectification.

(49) SÉBASTIEN SLODTZ, né à Anvers en 1655, se fit un nom parmi les grands artistes du temps de Louis XIV. On cite Slodtz pour la vigueur de son ciseau. Son Annibal et plusieurs autres morceaux qu'il a produits sont des chefs-d'œuvre d'exécution. Il mourut à Paris en 1726.

(50) CLAUDE-FRANÇOIS ATTIRET, sculpteur-statuaire, né à Dôle en 1728 et mort à l'hôpital de cette ville en 1804. Il était neveu du peintre de ce nom et possédait quelque talent.

(51) PIERRE LEGROS, sculpteur-statuaire, naquit à Paris en 1656. On ne rendit point en France la justice due au grand talent de cet artiste. Il quitta sa patrie pour l'Italie, où il mourut de chagrin de n'avoir pas été reçu de l'Académie.

Legros était persuadé que, dans la statuaire, ce qui n'est qu'agréable, sans avoir un grand caractère, n'est point beau. Il voyait avec peine le goût qu'on avait en France pour tous ces petits agréments qu'on y préfère souvent à la beauté : « Vous ne voulez que du tendre, du joli, de l'aimable, disait-il un jour à un Français ; et souvent le beau, le grand, vous échappent. »

(52) BOURDIC. Nous ne pouvons rien dire sur cet artiste, seulement qu'il a gravé son nom sur le groupe dont il est auteur.

(53) CORNEILLE VAN-CLÈVES, sculpteur, naquit à Paris en 1645, d'une famille originaire de Flandre. C'était un des artistes les plus distingués de son époque, tant par son rare talent que par sa haute intégrité. Il fut chancelier de l'Académie et mourut en 1722.

(54) JACQUES-ANGE GABRIEL, né à Paris vers 1710, succéda aux diverses places de son père Jacques, architecte comme lui. Ce fut l'un des artistes de cette profession les plus employés du XVIIIe siècle ; il mourut vers 1782. C'est lui qui a construit les deux colonnades qui bordent la place Louis XV du côté de la porte Saint-Honoré.

(55) J.-J. HITORFF, directeur des travaux pour les fêtes et cérémonies de la couronne sous Charles X ; il est aujour-

d'hui architecte du théâtre Italien, de l'Ambigu-Comique, membre de l'Académie de Milan, et chevalier de la Légion d'Honneur. M. Hitorff a composé plusieurs écrits sur l'architecture.

(56) THÉODORE GECHTER, statuaire, élève du baron Bosio. Cet artiste a donné plusieurs morceaux estimés, entre autres un lion et un cerf acquis par le roi de Saxe. Il demeure à Paris.

(57) HONORÉ JEAN HUSSON, sculpteur, né à Paris vers 1803, élève de David, membre de l'institut. Il a remporté, au concours de 1830, le premier grand prix de sculpture.

(58) FRANÇOIS-GASPARD LANNO aîné, sculpteur, élève de Cartellier. Il a remporté en 1817 le grand prix de sculpture. M. Lanno est né à Rennes en 1799.

(59) FEUCHÈRE, sculpteur distingué à qui l'on doit plusieurs bons ouvrages. Il demeure à Paris, rue Royale-Saint-Antoine.

(60) ACHILLE-JOSEPH-ÉTIENNE VALOIS, statuaire, né à Paris, eut pour maître David et Chaudet ; il a fait un grand nombre d'ouvrages estimés, et remporté une médaille d'or au salon de 1817. M. Valois fut nommé statuaire de S. A. R. madame la duchesse d'Angoulême et chevalier de la Légion d'Honneur.

(61) ANTOINE-JEAN DESBOEUFS, sculpteur-statuaire et graveur en médailles et pierres fines. Il était graveur sur pierres fines du cabinet du duc d'Angoulême.

(62) BRION fils, statuaire à Paris, a obtenu en 1829 un deuxième grand prix et plusieurs médailles d'encouragement.

(63) ANTONIN MOINES, sculpteur à Paris, rue Lafayette, n° 3.

(64) ELCHOET-VITAL, sculpteur, né à Dunkerque en 1801, élève de Bosio. Il a exposé plusieurs bustes et obtenu une médaille d'or. Il demeure à Paris.

(65) MERLIEUX, sculpteur, demeure à Paris, rue de la Femme-sans-Tête, n° 8.

(66) Hoegler, sculpteur à Paris, rue du Nord, 8.

(67) Louis Pétitot, statuaire à Paris, né en 1794, élève de Cartellier, a donné un assez grand nombre de bustes et de statues. Il a remporté le deuxième grand prix de sculpture, et en 1814 le prix de Rome. A l'exposition de 1827, on le décora de la Légion-d'Honneur.

(68) Louis-Denis Caillouète, statuaire, né à Paris en 1791, élève de Cartellier. On doit au ciseau de M. Caillouète un bon nombre d'ouvrages. Les récompenses qu'il a obtenues sont : deux médailles décernées par l'Académie des Beaux-Arts en 1807, une médaille d'or au concours pour le grand prix de sculpture, en 1809 ; le prix départemental en 1810 ; le deuxième grand prix de sculpture en 1818 ; prix de composition, deux fois de suite en 1816 ; une médaille d'or au salon de 1822.

(69) Louis-Hippolyte Lebas, architecte, ingénieur de la marine, au palais de l'Institut, élève de MM. Vaudoyer, Percier et Fontaine, membre de l'Institut, du jury de l'école royale d'architecture, a exécuté des travaux importants et obtenu un grand nombre de médailles d'émulation, le deuxième grand prix au concours de 1806, avec plusieurs médailles d'or.

(70) Chalgrin, architecte du temps de l'Empire, annonçait du talent. Il mourut à Paris, au mois de janvier 1811.

(71) Goust, élève de Chalgrin, fut aussi son adjoint dans l'exécution du commencement des travaux de l'arc de triomphe de l'Etoile. C'est là tout ce que nous savons de lui.

(72) Huyot, architecte, a exécuté lentement une petite partie des travaux de l'arc, commencé par MM. Chalgrin et Goust. Nous n'en savons pas davantage sur son compte.

(73) Guillaume-Abel Blouet, architecte à Paris, pensionnaire du roi à Rome, né à Passy en 1795. M. Blouet a remporté en 1821 le deuxième grand prix d'architecture, et en 1826 le premier. De 1821 à 1825, il a obtenu 6 médailles, et a remporté le prix d'honneur, vers la fin de 1825. Il tient un atelier d'élèves.

(74) Rude, sculpteur à Paris. Il a remporté en 1809 le

deuxième grand prix au concours de l'Institut, et le premier en 1812. Ses productions l'ont placé au rang des bons artistes de la capitale.

(75) BERNARD-GABRIEL SEURRE, statuaire à Paris, élève de M. Cartellier, né en 1795. Il remporta le grand prix de sculpture en 1818. M. Seurre a plusieurs ouvrages estimés.

(76) SYLVESTRE-JOSEPH BRUN, statuaire, né à Paris en 1792, élève de Lemot. M. Brun a obtenu la première médaille en 1810, le deuxième grand prix en 1813, le premier grand prix en 1817, et M. Brun a produit de fort bons ouvrages en assez grand nombre.

(77) CHARLES-RENÉ LAITIÉ, statuaire, ancien pensionnaire du roi à Rome, né à Paris en 1782. Il a fait plusieurs bons ouvrages et remporté le second grand prix de sculpture en l'an 12, le premier grand prix en 1804, et une médaille d'or en 1824.

(78) JACQUOT, sculpteur à Paris. Il a remporté au concours de 1817 le deuxième grand prix de sculpture, et le premier en 1820.

(79) THÉOPHILE BRA, né à Douai en 1797, élève de Flory et Bridan. Il a fait un grand nombre de bas-reliefs, de bustes et d'autres morceaux de sculpture dont on fait cas; il a obtenu en 1818 le deuxième grand prix de sculpture, en 1819 une médaille d'or, et a été décoré de la croix de la Légion-d'Honneur.

(80) TONY ÉTEX, sculpteur peintre, né à Paris en 1808, élève de MM. Pradier et Ingres. En 1828, il a obtenu au concours deux médailles et a remporté en 1829 le premier deuxième grand prix de sculpture. M. Étex est jeune, et quoique nous nous soyons permis de critiquer ses deux groupes de la Paix et de la Résistance, nous nous faisons un devoir de rendre justice au talent qu'il annonce, et, qu'avec un peu d'étude, il parviendra à développer sans nul doute.

(81) CHAPPONNIÈRE. Nous le croyons de Paris. C'est tout ce que nous pouvons dire sur cet artiste, qui annonce beaucoup de talent, à en juger par le beau groupe de l'arc de triomphe de l'Étoile.

(82) Nous regrettons vivement de n'avoir pu rien ap-

prendre sur M. Marochetti, dont le talent mériterait une mention particulière, à en juger d'après sa bataille de Jemmapes.

(83) ASTIANAX BOSIO, sculpteur, né à Paris, élève du baron Bosio, son oncle. On a de cet artiste le buste de l'amiral Bougainville et quelques autres productions.

(84) WALCHER aîné, sculpteur à Paris, né à Miderviller (Meurthe), ancien élève de l'Académie. Il s'occupe de toute espèce de sculpture pour bronze, bâtiment, et a obtenu une médaille.

FIN.

www.ingramcontent.com/pod-product-compliance
Lightning Source LLC
LaVergne TN
LVHW050631090426
835512LV00007B/778